RÉSUMÉS
D'ENSEIGNEMENT MORAL
ET
D'INSTRUCTION CIVIQUE

Rédigés d'après les Programmes du 27 Juillet 1882, et divisés conformément à l'Organisation pédagogique des Écoles primaires du Nord

Par F. DUBUS
OFFICIER D'ACADÉMIE
INSTITUTEUR PUBLIC A LILLE.

> Enfants, pour acquérir des connaissances solides, vous avez deux choses à faire :
> 1° Suivre avec attention les leçons de votre maître ;
> 2° Étudier avec soin les livres qui vous rappellent ces leçons.

CINQUIÈME ÉDITION

LILLE
IMPRIMERIE-LIBRAIRIE CAMILLE ROBBE, ÉDITEUR
209, rue Léon-Gambetta
1890.

RÉSUMÉS
D'ENSEIGNEMENT MORAL
ET
D'INSTRUCTION CIVIQUE

Rédigés d'après les Programmes du 27 Juillet 1882, et divisés conformément
à l'Organisation pédagogique des Écoles primaires du Nord

Par F. DUBUS
OFFICIER D'ACADÉMIE
INSTITUTEUR PUBLIC A LILLE.

> Enfants, pour acquérir des connaissances solides, vous avez deux choses à faire :
> 1º Suivre avec attention les leçons de votre maître ;
> 2º Etudier avec soin les livres qui vous rappellent ces leçons.

CINQUIÈME ÉDITION

LILLE
IMPRIMERIE-LIBRAIRIE CAMILLE ROBBE, ÉDITEUR
209, rue Léon-Gambetta

1890.

Tout exemplaire de cet ouvrage non revêtu de la griffe de l'auteur sera réputé contrefait.

PRÉFACE

DE LA CINQUIÈME EDITION

Dans cette nouvelle édition de nos **Résumés d'enseignement moral et d'instruction civique,** nous avons dû apporter quelques modifications rendues nécessaires par le vote de lois récentes ; mais nous l'avons fait sans rien changer au plan et au cadre primitifs, afin que les exemplaires des éditions précédentes puissent être conservés sans aucun inconvénient dans les classes : il suffira que les élèves y ajoutent un petit nombre de notes.

Nous croyons devoir rappeler ce que nous avons déjà dit de cet opuscule.

Nos résumés sont conformes aux programmes officiels et divisés suivant la répartition mensuelle prescrite par l'organisation pédagogique du département du Nord.

Le programme de chaque mois forme plusieurs parties, dont le nombre varie tout en restant inférieur à celui des leçons à faire, ce qui laissera du temps disponible pour les révisions, qui sont très nécessaires.

En tête de chaque résumé, nous reproduisons la fraction du programme qui fait l'objet de la leçon ; à la fin, nous donnons une ou plusieurs pensées ou réflexions généralement tirées des bons auteurs, et qu'il est utile que les élèves apprennent et retiennent.

Il nous semble que notre petit livre, ainsi conçu, peut, jusqu'à un certain point, servir de guide au maître, en mesurant sa marche et en déterminant nettement la matière de ses leçons. En tout cas, nous croyons qu'il sera surtout le *memento* de l'élève, auquel il rappellera, d'une manière sommaire, l'enseignement de l'instituteur. La dictée du résumé par lequel se termine généralement la leçon orale exige un certain temps, qu'on peut souhaiter de voir plus utilement employé ; le résumé, plus ou moins exactement copié, plus ou moins émaillé de fautes, disparaît bientôt. Où l'enfant chercheia-t-il alors la trace fidèle des leçons de l'école ? Il faut pourtant bien qu'il lui soit possible de se remémorer de temps à autre les notions essentielles que le maître a exposées et démontrées.

Ces quelques explications suffisent pour montrer que nous avons essayé de faire un livre pouvant, non pas dispenser le maître d'enseigner, mais compléter son enseignement, le fortifier et le fixer dans l'esprit de ses élèves, à l'aide de formules que nous nous sommes efforcé de donner aussi claires, aussi précises qu'il nous a été possible.

Si nous pouvions penser qu'elles réunissent ces deux qualités à un degré suffisant, nous nous permettrions de recommander aux maîtres de les faire apprendre et réciter à leurs élèves. On le sait, l'enfant retient facilement les mots, et c'est surtout à l'aide des mots qu'il parvient à retenir les choses. A ce propos, nous terminerons par une citation qui renferme un grand enseignement pour les éducateurs de l'enfance ; nous la tirons des *Eléments de psychologie de l'homme et de l'enfant appliquée à la pédagogie*, de M. Eugène MAILLET (édit. Belin frères) :

« Dénigrée trop souvent et bien à tort comme une
» faculté toute passive, la mémoire est, au contraire, pour
» qui l'étudie à fond, le principe d'un *travail inconscient*,
» d'une *germination sourde*, par laquelle l'enfant ne cesse
» de retrouver les idées sous les mots qui lui ont été confiés
» et d'éclaircir les notions avec le concours même des
» formules. »

RÉSUMÉS
D'ENSEIGNEMENT MORAL
ET
D'INSTRUCTION CIVIQUE

MORALE

MOIS D'OCTOBRE.

1er Résumé : I. Le Devoir. — II. La Conscience. — III. Libre arbitre. — IV. Joie intérieure et remords. — V. La Morale.

I. Faire le *bien*, éviter le *mal*, telle doit être la règle de toutes nos actions. Cette règle s'appelle le *Devoir* ou la *Loi morale*.

II. Il y a au-dedans de nous comme une voix qui nous indique notre devoir : c'est la *Conscience*.

III. Nous sommes les maîtres de nos actions : nous sentons qu'il dépend de nous de choisir entre le bien et le mal ; c'est ce que veulent dire ces expressions : *libre arbitre, liberté morale*.

IV. Quand nous avons fait le bien, nous éprouvons une *joie intérieure*, qui est notre plus douce récompense. Quand nous avons fait le mal, la conscience nous tourmente, nous sommes punis par le *remords*.

V. La conscience, comme toutes nos facultés, a besoin

d'être cultivée et développée par l'étude et la réflexion. La science qui a pour objet la connaissance de nos devoirs se nomme la *Morale*.

Nous devons apprendre la morale, non pour devenir plus savants, mais pour devenir meilleurs.

PENSÉES.

Conscience terrible, on ne peut t'échapper. (FLORIAN).

De ses remords secrets triste et lente victime,
Jamais un criminel ne s'absout de son crime.
(L. RACINE).

La Famille.

2ᵉ RÉSUMÉ : I. Définition de la famille. — II. La famille avant la Révolution. — III. Le droit d'aînesse.

I. La famille est la première société. Ceux qui la composent : *père, mère, enfants*, sont unis par les sentiments les plus intimes et les plus tendres : il y a entre eux la solidarité la plus étroite, ce qui veut dire que chacun entre pour une part dans le bien ou dans le mal qui arrive aux autres membres de la famille.

II. Le père est le chef de la famille. Anciennement, son autorité sur ses enfants était presque sans limites : il pouvait les faire emprisonner, leur infliger les châtiments les plus cruels, et même les faire mettre à mort.

III. Avant 1789, l'aîné des fils héritait des titres, des dignités et de presque tous les biens de ses parents ; il était riche, tandis que ses frères et ses sœurs étaient pauvres. Cette injustice, qualifiée de *droit d'aînesse*, a pris fin, comme tant d'autres abus, à la Révolution française.

RÉFLEXION. — *Peines, travaux, veilles, rien ne coûte au père et à la mère, quand il s'agit de leurs enfants.*

3ᵉ Résumé : I. La famille moderne basée sur la justice et l'égalité. — II. L'autorité paternelle fondée sur les besoins de l'enfant.

I. La Révolution a créé l'égalité dans la famille en abolissant le droit d'aînesse. Grâce à elle, tous les enfants ont aujourd'hui le même droit aux biens de leurs parents comme à leur affection. Ceux-ci ne peuvent disposer, par testament, que d'une part déterminée de leur fortune.

II. Les parents doivent faire l'éducation de leurs enfants. S'ils n'avaient pas le droit d'exiger d'eux l'*obéissance* et la *soumission*, ils ne pourraient pas remplir la grande obligation qui leur incombe. L'autorité que nos parents exercent sur nous est établie pour notre avantage plutôt que pour le leur : acceptons-la donc volontairement.

Réflexion. — *L'enfant qui ne se soumet pas à l'autorité de ses parents est aussi insensé que méchant.*

Devoirs des enfants envers leurs parents.

4ᵉ Résumé : I. Obéissance. — II. Reconnaissance et amour.

I. Nos parents savent mieux que nous ce qui nous est utile ou nuisible ; leur devoir est de nous éclairer, de nous faire connaître et pratiquer le bien. Le nôtre est de nous soumettre à leur sagesse et à leur raison, c'est-à-dire de leur *obéir*.

L'*obéissance* doit être *absolue* : nous n'avons point à discuter les ordres de nos parents ni à poser nos conditions.

Elle doit être *immédiate* : nous devons faire sans hésiter ce qui nous est commandé.

Elle doit être *entière*, c'est-à-dire s'étendre à toutes les choses, petites comme grandes.

Elle doit être *volontaire*, et non pas forcée : nous devons obéir, non par crainte d'une punition, mais par raison, par amour pour nos parents, par devoir en un mot.

II. Nos parents sont nos premiers protecteurs et nos plus grands bienfaiteurs. A chaque instant, ils nous donnent des marques de dévouement, des preuves d'amour. Aussi leur devons-nous une *reconnaissance* sans bornes.

L'*ingrat*, en général, est un être méprisable ; mais l'enfant ingrat est un monstre.

Personne ne nous aime plus que notre père et notre mère. N'est-il pas juste et naturel que nous leur rendions amour pour amour ?

Pensées. — *Un père et une mère sont naturellement nos premiers amis ; ce sont, de tous les hommes, ceux à qui nous devons le plus.*

(Silvio Pellico).

Devoirs des enfants envers leurs parents (Suite).

5ᵉ Résumé : I. Respect et déférence. — II. Politesse.

I. Nos parents, par leur caractère, par leur âge, par leur situation, sont nos *supérieurs*. C'est pourquoi nous leur devons le *respect*. Ce devoir est tellement grave que le Code civil le proclame en ces termes : « L'enfant, *à tout âge*, doit honneur et respect à ses père et mère. »

Nous leur témoignerons notre respect par de grands égards pour leur personne, par notre attitude, par nos paroles, par notre déférence pour leurs conseils.

II. L'intimité dans laquelle nous vivons avec nos parents ne doit pas nous dispenser d'observer à leur égard les règles de la bienséance et de la politesse.

Notre conduite serait condamnable, si nous ne pratiquions pas dans la famille les bonnes manières et le bon langage.

Blâmons celui qui ne fait pas chez lui ce qu'il fait hors de chez lui pour être agréable aux autres.

PENSÉES. — *Nous sommes tenus, à l'égard de nos parents, de la manière la plus sacrée, à la reconnaissance, au respect, à l'amour, à l'indulgence et à la manifestation de ces sentiments-là.*
(SILVIO PELLICO).

Y a-t-il un être plus maudit que celui qui brise le lien d'amour et de respect établi par Dieu même entre lui et ceux desquels il tient le jour ?
(LAMENNAIS).

Honore ton père et ta mère.   (LA BIBLE).

6e RÉSUMÉ : Nous devons aider nos parents dans leurs travaux ; les soulager dans leurs maladies ; venir à leur aide dans leurs vieux jours, sans attendre que la loi nous contraigne à le faire.

Le sentiment d'amour et de respect d'un fils, d'une fille pour ses parents, quand il se manifeste par un dévouement habituel, s'appelle d'un beau nom : la *piété filiale*, par comparaison avec le culte qu'on rend à la divinité.

Nous avons bien des moyens de prouver notre attachement à notre père et à notre mère. Ainsi, nous pouvons, par notre obéissance, par notre bonne conduite, contribuer à rendre leur tâche moins rude et leur vie plus agréable. Nous devons prendre part à leurs travaux dans la mesure de nos forces, et trouver plaisir à nous donner de la peine pour leur en épargner.

S'ils tombent malades, entourons-les de soins attentifs. Si nous avons le bonheur de les conserver longtemps, faisons pour eux, dans leur vieillesse, ce qu'ils ont fait pour nous pendant notre enfance.

Ne les laissons manquer de rien. Que la loi n'ait pas à nous contraindre de payer notre dette de reconnaissance.

PENSÉE. — *Qui délaisse son père et sa mère en leurs nécessités, qui demeure sec et froid à la vue de leurs souffrances et de leur dénûment, je vous le dis en vérité, celui-là a son nom parmi ceux des parricides.* (D'après LAMENNAIS).

> Quand viendra pour toi la vieillesse,
> Mon bras soutiendra ta faiblesse,
> Et je charmerai ta tristesse,
> Ma mère. (L. RATISBONNE).

7ᵉ RÉSUMÉ : Les grands-parents.

Le père et la mère de notre père et de notre mère ont droit à notre affection et à notre respect. Ils nous aiment, nous prodiguent leurs soins et nous portent un grand intérêt.

Ne perdons aucune occasion de leur être agréables. Honorons-les, consolons-les dans les maux de la vieillesse.

Nous serions bien coupables si notre conduite à leur égard contribuait à les attrister.

PENSÉE. — *Mets souvent dans ton esprit cette pensée triste, mais salutaire : « Ces têtes blanches qui sont là devant moi, qui sait si dans peu elles ne seront pas dans la tombe ? »* (SILVIO PELLICO).

MOIS DE NOVEMBRE.

Devoirs des frères et sœurs.

1ᵉʳ Résumé : I. Besoin d'avoir des amis. — II. Nos frères et sœurs sont nos amis naturels. — III. Devoirs : être juste, ne pas se montrer jaloux ; au contraire, être heureux de l'affection qu'on leur témoigne.

I. Nous éprouvons le besoin d'avoir des amis, des compagnons de travail et de jeu, des confidents de nos pensées, de nos plaisirs et de nos peines.

II. Nos frères et nos sœurs, si nous avons le bonheur d'en avoir, doivent être nos premiers, nos meilleurs amis. Les enfants d'une famille ont à aimer les mêmes parents, habitent et grandissent sous le même toit, et portent le même nom : en un mot, ils vivent de la même vie.

Aussi doivent-ils être unis par un lien puissant : ce lien est *l'amour fraternel*.

III L'amour fraternel doit se traduire par des actes. Un bon frère, une bonne sœur, traitent leurs frères et leurs sœurs avec justice ; ils prennent part à leurs joies comme à leurs peines ; loin de se montrer jaloux des bontés qu'on a pour eux, ils s'en réjouissent sincèrement.

Pensées.

Un frère est un ami donné par la nature.
(Legouvé).

Quelle douceur ineffable n'y a-t-il pas dans cette pensée : « Nous sommes les enfants d'un même père et d'une même mère ! » (Silvio Pellico).

2ᵉ Résumé : Être indulgent, tolérant, patient ; faire tout ce qu'on peut pour éviter les querelles. Être obligeant, défendre ses frères et sœurs, les protéger, leur venir en aide, les aimer.

Réjouissons-nous des vertus de nos frères et de nos sœurs ; imitons-les. Si l'un deux commet une faute, soyons indulgents pour le coupable.

Ayons-le courage de supporter leurs défauts, tout en cherchant à les en corriger. Soyons doux et patients à leur égard. Vivons en bonne intelligence avec eux ; efforçons-nous d'éviter les querelles par notre humeur conciliante.

Rendons à nos frères et à nos sœurs les petits services qu'il est en notre pouvoir de leur rendre ; aidons-les, défendons-les ; au besoin, protégeons-les.

Préservons-nous d'un défaut trop commun, la taquinerie : elle trouble la bonne harmonie, elle affaiblit et peut détruire l'affection fraternelle.

Pensée. — *Défendez-vous de l'égoïsme, imposez-vous chaque jour d'être généreux dans vos relations fraternelles.* (Silvio Pellico).

3ᵉ Résumé : I. L'intimité du foyer ne doit jamais faire oublier la politesse vis-à-vis des frères et sœurs. — II. Lorsqu'on contracte à l'égard de ses frères et sœurs des habitudes de malveillance et de grossièreté, on demeure grossier et malveillant envers tout le monde.

I. L'intimité du foyer ne doit jamais nous faire oublier d'être polis envers nos frères. Un frère doit être encore plus délicat de manières à l'égard de ses sœurs ; qu'il se réjouisse de l'influence qu'elles exercent sur son âme pour l'adoucir. Puisque la nature les a faites plus faibles que lui, qu'il se montre d'autant plus attentif à les consoler dans leurs peines et à ne pas les affliger lui-même.

II. Ceux qui contractent à l'égard de leurs frères et de leurs sœurs des habitudes de malveillance et de grossièreté, restent grossiers et malveillants avec tout le monde.

(D'après SILVIO PELLICO).

PENSÉE. — *C'est dans la famille que nous devons faire l'apprentissage des vertus qui distinguent l'honnête homme, l'homme bien élevé.*

4° RÉSUMÉ : I. Protection des plus âgés à l'égard des plus jeunes : action de l'exemple. — II. Les orphelins : rôle des aînés.

I. Les aînés de la famille sont tenus de protéger leurs frères et leurs sœurs plus jeunes, de leur donner de bons conseils, de les reprendre s'ils font mal.

Les enfants font souvent sans raisonner ce qu'ils voient faire aux autres. L'aîné qui se comporte mal est, jusqu'à un certain point, responsable des mauvaises actions de ses frères et de ses sœurs, témoins de sa conduite coupable. Il est donc obligé de leur donner toujours le bon exemple.

II. Un grand malheur frappe parfois la famille : le père ou la mère, et même tous les deux meurent avant que tous les enfants soient en état de gagner leur vie. On voit souvent, dans ce cas, quelque chose de beau et d'admirable ; on voit le frère aîné, la sœur aînée prendre la place de ceux qui ne sont plus, et se dévouer pour les petits frères et les petites sœurs. Il est bien évident que ceux-ci doivent respect, amour et reconnaissance à ceux qui leur tiennent ainsi lieu de père ou de mère.

RÉFLEXION.

> Mon fils, quand Dieu me reprendra,
> Tu sais, dans notre humble héritage,
> Tu sais le lot qui t'écherra
> Et qui te revient sans partage.
> Nos chers petits seront heureux;
> Mais il faut qu'en toi je renaisse.
> Veiller, lutter, souffrir pour eux,
> Voilà, mon fils, ton droit d'aînesse
> *(Paroles d'un père à son aîné).*
>
> (V. de LAPRADE).

5ᵉ RÉSUMÉ : L'esprit de famille.

Une famille forme une société, un corps, dont tous les membres sont liés par une étroite solidarité. L'esprit de famille, qui naît de cette solidarité, est un sentiment généreux qui nous porte à défendre les intérêts et l'honneur des membres de notre famille.

Pourquoi prenons-nous part aux joies et aux peines de nos parents plus ou moins éloignés? Pourquoi sommes-nous heureux et fiers de leurs succès et de leur mérite, affligés ou humiliés de leurs revers ou de leur honte? C'est parce que nous avons l'esprit de famille.

Ce sentiment nous soutient dans l'accomplissement de nos devoirs de famille; il nous excite à aider, à conseiller, à soutenir, à protéger ceux qui portent notre nom.

PENSÉE. — *L'esprit de famille doit exciter un enfant à l'étude, par la pensée de faire honneur à ses parents et au nom qu'il porte.*

6ᵉ Résumé : Devoirs envers les serviteurs.

Les serviteurs sont ceux qui, moyennant une rétribution nommée *gages*, sont attachés au *service* d'autrui. Ils vivent dans la *maison* de leurs maîtres ; c'est ce qu'exprime le mot *domestique* (de *domus*, maison).

Un serviteur est un homme libre et sensible comme son maître. Que celui-ci ne lui rende pas son sort plus pénible par un ton hautain et dédaigneux ; qu'il le traite avec douceur et politesse ; qu'il lui témoigne de l'estime et une réelle affection. S'il tombe malade, qu'il lui donne ou lui fasse donner les soins que réclame son état.

L'enfant est porté à abuser des serviteurs de sa maison. Qu'il apprenne à être convenable à leur égard, et à ne leur demander rien que de juste ; qu'il les remercie de leur obligeance. Bref, qu'il soit avec eux comme il voudrait qu'on fût envers ses parents, si ceux-ci étaient domestiques dans une famille.

Pensées. — *Nos domestiques sont des frères que la charité nous oblige d'aimer comme nous-mêmes ; traitons-les donc comme nous voudrions être traités, si nous étions à leur place et dans leur condition.*

(Sᵗ François de Sales).

MOIS DE DÉCEMBRE.

L'Ecole.

1ᵉʳ Résumé : I. Le travail. — II. Nécessité du travail. — III. Le travail est honorable.

I. Nous sommes tous soumis à la loi naturelle du *travail*.

II. C'est par le travail que nous nous procurons tout ce qui nous est nécessaire pour nous nourrir, nous habiller, nous loger, etc.

C'est par le travail, c'est-à-dire par l'exercice de ses facultés physiques et intellectuelles, que l'homme accomplit tant de grandes choses et réalise toutes sortes de progrès.

III. *Honneur* donc à tous les *travailleurs* : à l'agriculteur, à l'artisan, au savant, au médecin, au marin, au soldat, à tout individu qui, par une œuvre quelconque, se rend utile à lui-même et à l'humanité tout entière.

Honte à l'homme *oisif* qui vit aux dépens de la société, sans rien lui donner en échange des avantages qu'il en reçoit.

PENSÉE.

Le travail, aux hommes nécessaire,
Fait leur félicité plutôt que leur misère.
(BOILEAU).

L'enfant dans l'école.

2ᵉ RÉSUMÉ : — I. Devoir d'assiduité. — II. Le maître est le représentant de l'autorité paternelle.

I. L'écolier, comme l'homme fait, est obligé de travailler : il faut qu'il étudie en classe, qu'il s'instruise, pour devenir un honnête homme et un bon citoyen.

Il doit fréquenter l'école *assidûment*. La régularité dans la fréquentation est la condition essentielle pour mener ses études à bonne fin.

II. L'obligation d'élever et d'instruire les enfants revient tout entière à leurs parents ; mais ceux-ci se font le plus souvent seconder dans l'accomplissement de cette tâche difficile par *l'instituteur*, ou par *l'institutrice*. On a donc raison de dire que le maître et la maîtresse sont les représentants de l'autorité paternelle auprès de leurs élèves.

PENSÉE. — *Mon ami, si tu ne travaillais pas en classe, tu ressemblerais à un cultivateur qui n'ensemencerait pas son champ à l'époque des semailles.*

3ᵉ Résumé : I. Le maître est chargé par l'administration publique de la tâche d'élever les enfants. — II. L'élève doit à son maître le respect et l'obéissance qu'il doit à ses parents et à l'Etat.

I. La Patrie sait que l'instruction contribue à faire le bon ouvrier, le bon soldat, l'honnête citoyen, la mère et l'épouse dévouées ; elle sait que l'*ignorance* est nuisible à la Société comme aux individus. C'est pour cela qu'elle ordonne à nos parents de nous faire instruire. Elle a chargé l'*instituteur* et l'*institutrice* de nous enseigner ce que nous devons savoir.

II. L'instituteur et l'institutrice sont donc à la fois les représentants des parents et de l'Etat. A ce double titre, ils ont droit à l'*affection*, au *respect* et à l'*obéissance* de leurs élèves.

Pensées. — *Celui qui nous instruit est pour nous un second père.*

Qui aime bien châtie bien : en vous reprenant, votre maître vous donne une preuve réelle d'intérêt et d'affection.

4ᵉ Résumé : *L'instruction* et *l'éducation.*

L'instituteur, l'institutrice ne se contentent pas de donner *l'instruction* à leurs élèves, c'est-à-dire de leur enseigner la *lecture*, l'*écriture*, le *calcul*, la *langue maternelle*, etc. Ils s'efforcent encore de leur donner une bonne *éducation*, c'est-à-dire de leur faire connaître et aimer le bien, de les former à la vertu, de les corriger de leurs défauts, et de les préparer à faire leur devoir dans toutes les circonstances de la vie.

Un enfant n'est vraiment bien élevé que quand il a reçu tout à la fois une instruction solide et une éducation soignée.

Pensée. — *Science passe richesse ; mais bonté passe science.*

Devoirs envers les camarades.

5ᵉ Résumé : I. Analogie avec les devoirs envers les frères. — II. La camaraderie est le commencement de l'amitié.

I. L'école est comme une famille plus grande que la famille proprement dite ; le père, la mère de cette nombreuse famille, c'est le maître, c'est la maîtresse. Les élèves, sous une direction commune, prennent part aux mêmes études et aux mêmes jeux ; chaque jour, ils passent ensemble plusieurs heures pendant leurs jeunes années, qui sont les plus belles de la vie. Aussi, les *camarades* de classe doivent-ils se considérer presque comme des frères.

II. Un élève qui a bon cœur aime tous ses camarades ; mais souvent il en distingue un ou deux, avec lesquels il s'unit plus étroitement et qui deviennent ses *amis*.

Les amitiés ainsi formées sur les bancs de l'école sont les plus durables : elles ne finissent, d'ordinaire, qu'avec la vie.

Pensée. — *Ne vous liez d'amitié qu'avec les meilleurs de vos camarades.*

Devoirs envers les camarades (suite).

6ᵉ Résumé : I. Bienveillance, obligeance, tolérance. — II. Fausse franchise et véritable franchise.

I. Il est permis à un élève de témoigner une affection particulière à quelques-uns de ses condisciples ; mais il doit être *bienveillant* pour tous.

Le bon camarade n'est pas égoïste ; il ne prétend pas imposer aux autres ses volontés et ses caprices ; il cherche à leur être agréable : il est *complaisant*. Il aime à rendre service ; il est *obligeant*. Il ne veut pas toujours avoir raison et faire prévaloir ses idées : il est *tolérant*.

Il est heureux d'obtenir des récompenses et de bonnes places, mais il n'est pas *jaloux* des succès des autres.

II. Il n'est pas *rapporteur*. Il ne déguise point sa pensée : il est *franc* et sincère. Aussi est-il aimé et estimé de tous.

Pensée. — *Aimez vos camarades, et ils vous aimeront.*

MOIS DE JANVIER.

La Patrie.

1ᵉʳ Résumé : Ce qui constitue la Patrie, c'est, avant tout, la communauté de sentiments et de volontés.

Cette terre que nos *pères* ont habitée, cultivée, embellie, et dans le sein de laquelle ils reposent; cette terre qu'ils nous ont laissée en héritage et que nous transmettrons à nos descendants, c'est la *Patrie*.

La Patrie n'est pas seulement la terre, c'est aussi l'association d'hommes, la *Nation* qui l'occupe.

Ce qui constitue une Nation, une Patrie, c'est, jusqu'à un certain point, la communauté de pays, de langue, de race, de mœurs, de lois; mais c'est principalement la communauté de *sentiments* et de *volontés*.

La communauté de *sentiments* consiste dans le culte des mêmes ancêtres, des mêmes grands hommes, dans le partage des mêmes joies et des mêmes tristesses dans le passé, des mêmes espérances dans l'avenir.

La communauté de *volontés* consiste dans l'accord de tous pour continuer de concert l'œuvre commencée par les ancêtres. On est de la patrie dont on *veut* être. Nous sommes Français, moins parce que nous sommes nés en France, que parce que nous *voulons* être Français.

PENSÉES. — *La Patrie est le morceau du monde où Dieu a attaché notre corps et notre âme.*
(E. SOUVESTRE).

On est de la patrie que l'on aime et dont on veut être.

Bienfaits de la Patrie.

2ᵉ RÉSUMÉ : I. Elle nous garantit la vie, le travail, nos biens. — II. Elle nous défend contre les persécutions injustes des voisins.

I. Les bienfaits que nous recevons de la Patrie sont innombrables
C'est elle qui établit les lois faites à l'avantage de tous. C'est elle qui, par la police, maintient l'ordre intérieur, nous assure la sécurité du travail et la jouissance de ce que nous avons gagné par le travail. C'est à elle que nous devons de vivre en paix dans nos maisons, sans avoir à redouter les voleurs et les assassins. C'est elle qui a construit et qui entretient les routes, qui bâtit des écoles....

II. La Patrie fait une chose plus grande encore. Par l'entretien d'une armée nombreuse et bien exercée, elle nous défend contre des voisins ambitieux, qui voudraient nous ravir ce qui nous appartient après avoir appartenu à nos pères. (D'après Ch. BIGOT).

RÉFLEXION. — *La Patrie est une bonne mère : elle aime et protège ses enfants.*

3ᵉ RÉSUMÉ : I. L'amour de la Patrie. — II. Le chauvinisme et le patriotisme.

I. La Patrie est notre mère commune ; nous sommes ses

enfants, par conséquent, nous sommes des frères. Il est juste et naturel d'aimer sa mère et ses frères, et de se dévouer pour eux. L'amour et le dévouement pour sa Patrie et ses compatriotes s'appelle *patriotisme*.

II. Le patriotisme doit être raisonnable et éclairé ; il ne doit pas nous aveugler sur nos défauts et nous rendre injustes à l'égard des peuples voisins. Ceux-ci ont leurs qualités qu'il faut reconnaître et tâcher d'acquérir. Si nous trouvions que tout est à louer chez nous, que tout est à critiquer chez les autres, nous tomberions dans ce travers que l'on nomme *chauvinisme* (de *Chauvin*, personnage imaginaire et ridicule auquel on attribue un amour fanatique et idolâtre pour Napoléon 1er).

RÉFLEXION. — *La sagesse, pour les peuples comme pour les individus, est renfermée dans ce précepte antique :* « *Connais-toi toi-même.* »

La France et ses grandeurs.

4e RÉSUMÉ : I. Sa justice. — II. Sa générosité. — III. Ses gloires de tous genres : sciences, arts, industrie, etc.

Nous devons être fiers d'avoir la France pour Patrie : aucune nation n'a fait d'aussi grandes choses, aucune nation n'a une aussi belle histoire que la nation française.

I. La France est la Patrie des lois équitables et justes. Elle respecte ce qu'il y a de plus noble dans l'homme, la conscience. Tous les enfants sont égaux dans la famille ; tous les citoyens sont égaux dans l'Etat.

II. Le peuple français est généreux : de tout temps il a senti s'éveiller en lui une immense pitié pour toutes les souffrances ; il a souvent prêté l'appui de sa puissance aux faibles et aux opprimés. Il a souvent oublié ses propres intérêts pour ne penser qu'aux intérêts de l'humanité ; en accomplissant la Révolution, il avait en vue le triomphe de la justice dans le monde entier.

III. La France a produit un grand nombre d'hommes illustres dans tous les genres ; lettres, arts, sciences, industrie, etc. Elle a joué le rôle le plus brillant dans la civilisation moderne.

RÉFLEXIONS. — *Aimons notre Patrie, d'abord parce qu'elle est la patrie, ensuite parce que cette patrie s'appelle la France.*

La France a été appelée le soldat de Dieu, parce qu'elle a toujours combattu pour la justice et pour la liberté.

Les malheurs de la France.

5° RÉSUMÉ : I. La guerre de 1870. — II. L'Alsace et la Lorraine.

La France a traversé bien des épreuves, elle a essuyé bien des défaites. Mais, grâce au patriotisme de ses enfants, toujours elle s'est relevée et a recouvré sa force et sa grandeur.

I. En 1870, elle a été accablée par ses nombreux ennemis, de longtemps préparés à la guerre, tandis qu'elle se trouvait à peu près sans défense. Ses armées furent vaincues à Reischoffen, à Forbach ; les villes de Strasbourg et de Metz furent assiégées et prises. Paris, investi par les Prussiens, succomba après une résistance héroïque.

II. Les Prussiens, abusant de la victoire pour violer les droits de l'humanité, imposèrent à la France le traité de Francfort, qui nous enleva toute l'Alsace et une partie de la

Lorraine. Ces deux provinces, restées françaises de cœur, attendent le jour de la délivrance, « jour où le drapeau tricolore apparaîtra de nouveau sur la cime des Vosges »

RÉFLEXIONS. — *La véritable patrie des Alsaciens et des Lorrains, c'est la Patrie de leur cœur, c'est la France.*

L'homme est un être libre : on ne peut le forcer à accepter une patrie qui n'est pas celle qu'il aime, celle dont il veut être.

Il n'y a d'annexion définitive que celle qui est consentie par les cœurs et par les volontés.

MOIS DE FÉVRIER.

Devoirs envers soi-même.

1er RÉSUMÉ : L'homme ; double aspect de sa nature : le physique et le moral.

L'homme est formé par l'union intime de deux natures : le *corps* et l'*âme*.

Notre *corps* est la portion de *matière* qui nous est propre. Comme toute substance *matérielle*, il est visible, palpable, pesant, étendu ; il est composé de parties distinctes ; il peut être divisé ; il est sujet à de continuelles modifications ; il est détruit par la mort.

Le *physique*, dans l'homme, est tout ce qui est relatif à son corps.

L'*âme* est la partie *immatérielle*, *spirituelle* de l'homme. Elle est invisible et impalpable ; elle n'a ni poids, ni forme, ni étendue ; elle n'est point composée de parties distinctes ; elle est indivisible. La mort ne peut la détruire : elle est *immortelle*.

Quoiqu'elle ne puisse être perçue par nos sens extérieurs, nous ne pouvons douter de son existence, qui nous est révélée par une sorte de vue intérieure, la *conscience*.

Le *moral*, dans l'homme, est tout ce qui a rapport à son *âme*.

RÉFLEXION. — *L'âme est supérieure au corps, comme l'ouvrier est supérieur à l'outil dont il se sert.*

2° RÉSUMÉ : I. Etroite solidarité entre le corps et l'âme. — II. Devoir de ne pas nuire à sa santé ; cependant, ridicule de certaines précautions trop minutieuses et d'une prévoyance exagérée.

I. L'âme agit sur le corps, et le corps agit sur l'âme. Il y a entre ces deux parties de notre être une étroite solidarité : nous savons, par expérience, que notre corps est languissant quand notre âme est triste ; qu'il est vigoureux, au contraire, quand nous sommes dans la joie. De même, si le corps est maladif, l'âme est moins active ; s'il est en bonne santé, l'âme a plus de force et d'énergie. Donc, le physique influe sur le moral, et réciproquement.

II. Nous sommes sur la terre pour y faire le bien et nous rendre utiles. Si nous étions malades, il nous serait impossible de bien remplir tous nos devoirs. Aussi, la santé est-elle un bien précieux, tant au point de vue moral qu'au point de vue physique.

Veillons donc sur notre santé, prenons toutes les précautions nécessaires pour éviter les infirmités et les maladies, évitons tout excès, observons les règles de l'hygiène.

Cependant n'exagérons rien ; n'allons pas jusqu'à craindre outre mesure la fatigue, la pluie, le vent, le froid. Il en est qui prennent toutes sortes de précautions ridicules ; ceux-là sont plus que les autres sujets aux maladies, dont ils ont si peur. Ces *douillets*, ainsi les nomme-t-on, deviennent incapables de supporter virilement les épreuves de la vie et de remplir les devoirs qui réclament de la vigueur et de l'énergie.

RÉFLEXION. — *Le plus grand bien que nous puissions désirer, c'est une âme saine dans un corps sain.*

3ᵉ RÉSUMÉ : I. La gymnastique. — II. La propreté. — III. La décence et la simplicité.

I. La gymnastique était en grand honneur chez les anciens ; « elle leur paraissait nécessaire pour faire des hommes, des citoyens et des soldats. » Tout le monde, aujourd'hui, pense comme les anciens. Les exercices gymnastiques, en effet, fortifient les membres, assouplissent les muscles, disciplinent les mouvements, entretiennent la santé et donnent de l'adresse et de l'agilité. Ils développent aussi certaines qualités morales, entre autres le courage et la volonté.

II. La propreté est une vertu ; de plus, elle est l'indice de plusieurs autres vertus : le *respect de soi-même* et des autres, l'*amour de l'ordre*, l'*activité*, etc. « Le soin de sa personne physique est, pour l'homme, quand il ne va pas jusqu'à l'excès, le signe certain et la première condition du respect de soi-même. » (MARION).

La propreté n'a pas seulement une portée morale ; elle en a aussi une très grande au point de vue physique : elle est une des conditions essentielles de la conservation de la santé. La malpropreté, outre qu'elle répugne, est funeste au corps : elle peut engendrer de graves maladies.

III. Soyons *propres* dans nos vêtements, mais n'oublions pas la *décence* et la *simplicité*. Une tenue est *décente*, quand elle n'offre rien de choquant, quand elle est *convenable*; elle est *simple*, quand elle n'a rien de recherché et qu'elle n'attire pas les regards par le luxe et les raffinements de la mode.

Réflexion. — *La maison que votre âme habite, c'est votre corps. Il ne faut pas que la maison donne une mauvaise opinion de l'habitant.* (P.-J. Stahl).

4e Résumé : La tempérance : juste usage des plaisirs des sens; la sobriété opposée à la gourmandise et à l'ivresse.

La *tempérance*, dans son sens le plus étendu, est la modération dans les plaisirs, la possession de soi-même, qui fait qu'on ne se laisse point aller au mouvement désordonné de ses passions et qu'on évite tout excès.

Ce mot *tempérance* signifie aujourd'hui modération dans le boire et dans le manger, et devient ainsi le synonyme de *sobriété*.

L'excès dans le boire et dans le manger s'appelle *intempérance*.

La *gourmandise* et *l'ivrognerie* sont deux formes de l'intempérance.

La *gourmandise* est un bien triste défaut. N'est-il pas honteux de manger quand on n'a plus faim; n'est-il pas insensé de manger au point de se rendre malade? Mangeons modérément, pour satisfaire un besoin, plutôt que pour nous procurer un plaisir.

Maximes. — *Il faut manger pour vivre, et non vivre pour manger.*

La première chose à faire pour se bien porter, c'est de manger et de boire sobrement. (Hippocrate).

5ᵉ Résumé : I. L'ivrognerie : ses dangers. — II. Le tabac.

I. L'*ivrognerie* est une des passions les plus funestes à l'homme. L'abus des boissons alcooliques amène la misère, détruit la santé, l'intelligence, la mémoire, engendre la folie et une mort prématurée.

L'alcool est surtout dangereux. « C'est à lui que l'armée du crime et le piteux troupeau des aliénés doivent la majorité de leurs recrues. »

Pour dégoûter leurs enfants de l'ivresse, les Spartiates enivraient leurs esclaves. Rien, en effet, n'est plus propre à nous détourner de ce vice dégradant que la vue d'un ivrogne.

II L'habitude de fumer est généralement nuisible à la santé. Elle est surtout pernicieuse aux enfants, dont un certain nombre mettent un stupide amour propre à s'épuiser la poitrine et à s'affaiblir le cerveau.

Réflexion. — *L'ivrogne boit le sang de ses enfants.*

MOIS DE MARS.

Les biens extérieurs.

1ᵉʳ Résumé : I. Les besoins de l'homme : nourriture, habitation, etc. — II. La terre et la monnaie. — III. Comment on doit user des biens extérieurs.

I. L'homme a de nombreux besoins à satisfaire : besoin de se nourrir, besoin de se vêtir, besoin de se loger, etc., etc. Pour la satisfaction de tous ces besoins, il faut qu'il se procure certaines *choses*, que la nature ne lui fournit pas gratuitement, mais qu'il n'obtient que par une somme d'efforts qu'on nomme le *travail*.

II. Pour entretenir son existence, pour la rendre douce et agréable, l'homme recherche la *richesse*, les *biens extérieurs*. Les biens dont il poursuit surtout l'acquisition, sont : la *terre*, qui lui donne une foule de produits ; et la *monnaie*, qu'il peut offrir en échange de toutes choses.

III. On doit acquérir les biens par des moyens légitimes ; il faut en user *modérément*, sagement, et se garder de tout excès : ni trop, ni trop peu. On n'oubliera pas de faire la part de ceux qui manquent du nécessaire.

RÉFLEXION. — *Qui a un métier a une terre ; qui a un talent a une fonction qui donne honneur et profit. Mais il faut travailler de son métier, et faire valoir son talent, sans quoi ni la terre ni la fonction ne nous aideront à vivre.* (FRANKLIN).

2ᵉ RÉSUMÉ : I. L'avarice et la cupidité, leurs conséquences. — II. Prodigalité et dissipation. — III. Le jeu : ses funestes effets.

I. L'*avarice* est un attachement immodéré à ce qu'on possède, à son or, pour le plaisir de le compter et de le contempler. La *cupidité* est l'amour excessif du gain.

L'avare est un misérable qui est l'esclave de ses biens ; il est dur pour les autres, dur aussi pour lui-même : il ne possède pas les richesses, ce sont les richesses qui le possèdent. La *cupidité* ne peut s'allier à la probité et à la délicatesse.

II. La *prodigalité* et la *dissipation* sont deux défauts contraires à l'avarice et à la cupidité. Le *prodigue* et le *dissipateur* dépensent sans nécessité, sans discernement et sans mesure ; ils jettent, comme on dit, l'argent par les fenêtres. Si l'avare attend, pour jouir de son bien, une seconde vie, le prodigue sacrifie l'avenir aux plaisirs du moment, sans prévoir les malheureuses conséquences de sa folle conduite, qui sont souvent, pour la vieillesse, la misère et la honte.

III. La passion du jeu est une des plus funestes ; nous ne voulons pas parler des jeux qui récréent et qui fortifient. Les jeux condamnables et qu'il faut fuir, ce sont ceux auxquels on se livre dans l'espoir de gagner de l'argent ; ce sont ces jeux de hasard qui font perdre à ceux qui s'y adonnent leur temps et leur argent. Le joueur est malheureux : il finit toujours par se ruiner et par prendre le travail en dégoût

ADAGE. — *L'argent est un bon serviteur, et un mauvais maître.*

3ᵉ RÉSUMÉ : L'économie et l'épargne sont à la fois un devoir de conservation et un devoir de dignité : elles assurent l'indépendance.

L'*économie* se tient à égale distance de l'avarice et de la prodigalité : c'est l'emploi réglé de ses richesses et de ses revenus. Elle contribue au bonheur de l'individu, de la famille et même de la société.

Dans les conditions ordinaires, le travail produit plus qu'il n'en faut pour la subsistance et l'entretien du travailleur. « On appelle *épargne* la conservation de ce superflu produit par le travail, après prélèvement de tout ce qui est nécessaire pour les besoins de la vie » (MARION).

L'épargne, fruit du travail et de l'économie, permet à l'homme d'envisager l'avenir avec calme et sérénité ; elle lui assure, outre l'aisance, l'indépendance à l'égard d'autrui.

PRÉCEPTES. — *Si nous voulons être sûrs du succès de notre travail, ajoutons-y l'économie.* (FRANKLIN).

Veux-tu être riche, songe à épargner autant qu'à gagner. (FRANKLIN)

Un peu, souvent répété, fait beaucoup. (ID.)

Petite voie d'eau fait couler grand vaisseau. (ID).

4ᵉ RÉSUMÉ : I. Les dettes, humiliante conséquence du défaut d'économie. — II. Conseils du *Bonhomme Richard*.

I. Celui qui dépense sans compter, qui gaspille, fait des *dettes*, et perd ainsi sa dignité : il est à la merci de ses créanciers, qui lui font subir mille humiliations. Pour échapper à leurs justes exigences, il a recours au mensonge. Voilà comment les dettes dégradent l'homme.

II. Un des hommes les plus illustres du siècle dernier, Benjamin Franklin (1706-1790), s'éleva par ses vertus, autant que par ses talents, du rang le plus humble à la position la plus haute. Voulant éclairer le peuple, le moraliser et lui montrer comment lui-même était parvenu à la science, à la richesse et à la gloire, il entreprit la publication de l'*Almanach du Bonhomme Richard*.

C'est dans un des almanachs de Franklin que se trouve l'opuscule intitulé : *Chemin de la fortune* ou *Science du Bonhomme Richard*. Le prix du temps, le bon emploi qu'on en doit faire, les avantages du travail et de l'économie, les suites funestes de l'oisiveté et de la prodigalité : tels sont les sujets qui y sont présentés sous une forme pleine de finesse naïve, et sous des images à la fois familières et saisissantes.

MAXIMES. — *En vous endettant, songez à ce que vous faites : vous donnez à autrui des droits sur votre liberté.* (FRANKLIN).

La dette porte en croupe le mensonge.

Un citoyen d'un pays libre ne devrait ni rougir ni craindre de voir ou d'affronter homme qui vive ; mais souvent la pauvreté ôte tout courage et toute vertu. Il est difficile qu'un sac vide se tienne debout.
(FRANKLIN).

5° RÉSUMÉ : I. Comment on acquiert les biens extérieurs. — II. Le travail : il naît du besoin et devient l'honneur et le salut de la société.—III. Tout travail est noble et légitime, qu'il soit manuel ou intellectuel, rétribué ou gratuit.

I. Les biens extérieurs, la richesse, sont le produit du travail.

II Le travail s'impose à l'homme comme une nécessité, comme un devoir de première importance. Il nous élève et nous honore, si nous l'acceptons de grand cœur.

Le travail développe notre intelligence, il exerce toutes nos facultés, il est la source des plus nobles jouissances.

Il est le salut de la société, qui ne se maintient que par les efforts combinés de tous : travailleurs de la pensée, travailleurs de la main, etc.

III. *Tout travail est noble*, de quelque manière qu'il s'accomplisse.

« La Patrie vit du concours et du travail de tous ses enfants, et, dans la mécanique sociale, il n'y a pas de ressort inutile... Quelle que soit notre carrière, elle nous donne une mission, des devoirs, une certaine somme de bien à produire. »
(JOUFFROY).

PENSÉES. — *La santé, la vigueur d'esprit, la paix du cœur, sont les fruits touchants du travail.*
(VAUVENARGUES).

Les paresseux ne font jamais que des gens médiocres, en quelque genre que ce puisse être.
(VOLTAIRE).

6° Résumé : I. Le travail n'est pas seulement une nécessité, c'est un plaisir. — II. L'oisiveté et ses conséquences : l'ennui, le désordre, etc. — III. Le travail assure la sécurité et le bien-être. — IV. Le travail est un devoir ; il assure la dignité de la personne.

I. La peine que nécessite le travail est peu de chose en comparaison des jouissances qu'il nous procure : il nous conserve la force et la santé, il chasse l'ennui et les pernicieuses rêveries de l'oisiveté.

II. Si le travail éloigne de nous trois grands maux : l'ennui, le vice et le besoin, l'oisiveté les engendre. « Semblable à la rouille, elle use plus que le travail. » Comme elle amène des maladies, elle abrège forcément la vie.

III. Le travail, complété par l'épargne, nous assure le bien-être et la sécurité du lendemain. « La Faim regarde à la porte de l'ouvrier laborieux, mais elle n'ose pas entrer. »

IV. Le travail, qui est une nécessité, est aussi un devoir. L'homme est un être actif ; c'est par le travail qu'il exerce son activité physique et intellectuelle ; « d'où il suit que le travail est, pour l'homme, une obligation qui résulte de sa nature même. »

L'homme oisif est un être inutile à la société, à laquelle il ne rend pas ce qu'il en reçoit. L'homme laborieux, au contraire, paie sa dette à l'humanité et augmente sa dignité en accomplissant son devoir.

Pensées. — *L'ennui est entré dans le monde par la paresse.* (La Bruyère).

Fainéantise voyage si lentement que Pauvreté l'a bientôt attrapée. (Franklin).

L'oisiveté est mère de tous les vices.

Vivre, ce n'est pas respirer, mais agir.
(J.-J. Rousseau).

A demain, c'est du fainéant le refrain.

MOIS D'AVRIL.

L'âme.

1ᵉʳ Résumé : I. La véracité : mépris pour ceux qui se servent de la parole pour tromper : mensonge. — II. Etre fidèle à ses promesses. — III. La parole d'honneur : respect de la parole donnée. — IV. Le serment. — V. Le parjure, double mensonge.

I. La *véracité* consiste à aimer la vérité, et à la dire en toute circonstance, coûte que coûte. C'est une grande vertu, et un des signes auxquels on reconnaît l'honnête homme.

Le *mensonge*, qui consiste à donner comme vrai ce qu'on sait être faux, « est un maudit vice, et il n'en est aucun qui témoigne tant de lâcheté et de bassesse de cœur. »
(Montaigne).

« Le mensonge, en rompant l'alliance naturelle de l'homme avec la vérité, lui ôte ce qui fait sa dignité. » (V. Cousin).

II. Quand nous avons fait une promesse, quand nous avons donné notre parole, nous ne pouvons, sans manquer aux autres et à nous-mêmes, nous dispenser de tenir notre engagement. On est libre de ne pas promettre, on ne l'est pas de violer sa promesse, à moins qu'elle n'aît le mal pour objet.

III. Ce proverbe : *Promettre et tenir sont deux*, ne s'applique pas à l'honnête homme ; pour lui, promettre et tenir, c'est tout un. « Il considère sa parole comme un engagement d'honneur qui vaut un écrit. »

IV. Le *serment* consiste à jurer de dire la vérité ou de faire une chose déterminée : c'est un acte grave et solennel.

V. La violation du serment est une action criminelle ; elle s'appelle *parjure* ; jurer de dire la vérité avec l'intention de mentir, et mentir en effet, c'est évidemment commettre un *double mensonge*.

RÉFLEXION. — *Etre vrai dans tous ses discours est le caractère d'un homme libre ; mentir est celui d'un esclave.*

2° RÉSUMÉ : I. Silence et dissimulation. — II. La discrétion. — III. Ce qu'on entend par la dignité personnelle et le respect de soi-même.

I. Il faut toujours penser ce que l'on dit : mais on n'est pas obligé de dire tout ce que l'on pense et tout ce que l'on sait.

C'est sagesse et prudence que de savoir maîtriser sa langue. Se *taire* et *dissimuler* sont deux choses différentes. Ne cachons pas la vérité, ne parlons jamais contre nos convictions ; soyons *sincères*, en un mot. Mais gardons-nous de dévoiler à tout venant, par un sot bavardage, ce qu'il nous convient de garder au fond de notre cœur ; surtout ne révélons pas un secret qui nous a été confié ; nous serions *indiscrets*. Ce qui est répréhensible, c'est de cacher une faute, de la *dissimuler*, pour éviter le blâme ou la punition.

II. Ne point trop parler, taire ce qu'on ne doit pas dire, c'est faire preuve de *discrétion*. La discrétion est une précieuse qualité.

III. L'homme, étant supérieur aux autres créatures par l'intelligence, par la raison et par la liberté, a une valeur morale qu'il ne doit pas méconnaître. Cette valeur morale, c'est la *dignité humaine* ou la *dignité personnelle*.

La noblesse et la grandeur de l'homme doivent lui inspirer le *respect de lui-même*, le porter, par conséquent, à n'accomplir que des actions honorables et le détourner de tout ce qui pourrait l'amoindrir à ses propres yeux et aux yeux de ses semblables.

Pensée. — *Par respect de nous-mêmes autant que par respect d'autrui, ayons de bonnes manières, une tenue décente, un langage poli.*

3ᵉ Résumé : I. Devoir de s'instruire. — II. L'ignorance et la paresse : leurs dangers.

I. Notre corps doit recevoir, pour se soutenir, la nourriture nécessaire ; pour se développer et se fortifier, il faut qu'il soit soumis à des exercices réglés. Notre âme aussi réclame son aliment propre, sa culture spéciale : de là, pour nous, le devoir de nous *instruire*.

L'instruction éclaire, élève et ennoblit l'esprit. Elle facilite à l'homme la pratique de son art ou de son état, lui procure les moyens d'améliorer sa condition, et le met à même de comprendre et de bien remplir tous ses devoirs. Elle est, pour lui, comme pour la société, un avantage inappréciable.

II « *L'ignorance*, au contraire, abaisse l'homme, le livre à la merci du premier venu et le laisse croupir dans l'erreur et les ténèbres. »   (Steeg).

Elle est souvent une des conséquences de la *paresse*, qui engendre encore bien d'autres maux, et qui conduit souvent au crime. Le paresseux est un être dégradé, incapable de se suffire à lui-même et dangereux pour la société.

PENSÉE. — *L'homme ne vit pas seulement de pain.* (EVANGILE).

Le meilleur esprit a besoin d'être formé par un travail persévérant et par une culture assidue.
(D'AGUESSAU).

Laissez dire les sots : le savoir a son prix.
(LA FONTAINE).

Qui ne fait rien n'est pas loin de mal faire.
(PANARD).

4ᵉ RÉSUMÉ : I. La fierté. — II. L'honneur. — III. L'orgueil. — IV. La vanité. — V. La coquetterie.

I. Entendue dans son vrai sens, la *fierté* est le sentiment légitime que l'homme a de sa dignité personnelle. C'est par fierté qu'on répugne à rechercher, par la flatterie, la faveur des grands, ou à échapper, par le mensonge, à un châtiment mérité.

II. L'*honneur* est un sentiment qui fait que nous désirons avoir notre propre estime et celle de nos semblables. Ce sentiment est louable : il nous porte au respect de nous-mêmes, il est la source de belles actions.

III. L'orgueil, qu'il ne faut pas confondre avec la fierté, est un sentiment exagéré de sa propre valeur qui fait qu'on se croit supérieur aux autres. L'orgueilleux ne voit et n'admire que ses propres mérites ; ceux des autres n'existent pas pour lui.

IV. La *vanité* est un orgueil ridicule qui se manifeste dans les petites choses. « C'est un désir puéril de paraître et de se faire valoir. »   (MÉZIÈRES.)

V. La *coquetterie* est une sotte vanité qui tire avantage de la parure et des habits.

RÉFLEXIONS. — *Rien ne fait paraître les hommes si faibles et si petits que la vanité.* (VAUVENARGUES.)

L'enfant vaniteux n'est pas fâché qu'on le regarde et qu'on le trouve mieux que ses camarades.

La forme de son chapeau, de son col, la coupe et la couleur de sa veste lui paraissent des choses importantes.   (MÉZIÈRES.)

5ᵉ RÉSUMÉ : I. La fatuité. — II. La frivolité. — III. La modestie.

I. Le *fat* se reconnaît à son petit air important, à ses paroles et à ses manières sottes et prétentieuses. La fatuité est un défaut ridicule et méprisable.

II. La *frivolité* est un autre défaut de caractère qui consiste à ne se plaire qu'aux choses vaines et de peu d'importance. L'homme frivole manque à la dignité personelle en oubliant qu'il est né pour poursuivre un but noble et élevé.

III. La *modestie* est une vertu qui consiste dans le juste sentiment de ce que l'on vaut et de ce que l'on ne vaut pas. L'homme modeste ne s'exagère pas ses propres mérites, il connaît ses défauts et ses faiblesses.

« Nous serons modestes de la bonne manière si rien, dans notre pensée, dans notre langage, ne tend à nous montrer à un degré plus haut que notre valeur réelle. » (Ch. ROZAN.)

RÉFLEXIONS. — *La modestie est l'ornement du mérite; elle lui donne de la force et du relief.*

(LA BRUYÈRE.)

C'est à nos actions de parler pour nous : il est plus beau de mériter des louanges et des récompenses sans les recevoir que de les recevoir sans les mériter.

(Le chevalier BAYARD.)

6ᵉ RÉSUMÉ : I. L'humilité. — II. La fausse humilité : hypocrisie. — III. La flatterie.

I. *L'humilité* diffère de la modestie. Celle-ci fait que nous ne nous trompons pas sur notre propre valeur. L'humilité est la vertu de celui qui envisage plutôt ses imperfections et ses faiblesses que ses talents et ses mérites. L'homme humble, loin d'être fier des qualités qu'il possède, éprouve un sentiment de honte et de regret à la pensée de toutes celles qu'il n'a pas ou qu'il croit ne pas avoir.

II. Il y a une *fausse humilité* qui cache un grand orgueil : on se fait petit en apparence, on feint de n'avoir de soi qu'une mince opinion ; mais, intérieurement, on se croit un grand mérite. On consent à s'abaisser, mais c'est dans l'espoir de n'être pas pris au mot et d'être relevé par les autres.

On appelle *hypocrisie* le vilain défaut de celui qui prend ainsi les dehors d'une vertu qu'il n'a pas.

III. Le *flatteur* est une sorte d'hypocrite et de menteur : il veut tromper les autres en louant en eux des qualités et des vertus que, dans son for intérieur, il ne leur reconnaît pas.

RÉFLEXIONS. — *Souviens-toi que tu n'es qu'un*

homme, et ne te laisse pas enorgueillir : voilà l'humilité. (Paul Janet).

Le flatteur est proche parent du traître.

MOIS DE MAI.

1ᵉʳ Résumé : I. Le courage : courage militaire, courage civil. — II. L'esprit d'initiative, d'entreprise.

I. Le *courage*, dans son acception la plus étendue, est l'énergie de la volonté; la force du caractère, la grandeur d'âme; dans son acception usuelle, il est cette vertu qui méprise la douleur, qui brave le danger, et même la mort.

La forme « la plus brillante, la plus populaire du courage », celle qui frappe le plus les hommes, c'est le *courage militaire*. « C'est à la guerre, en effet, que se rencontrent les occasions les plus belles et les plus illustres, et la mort s'y présente entourée du danger à la fois le plus grand et le plus glorieux. »

La vie commune, la vie *civile*, offre, comme la vie militaire, des occasions où le devoir commande le courage et l'énergie. Il y a donc le *courage civil*, comme il y a le courage militaire.

II. Il y a une sorte de courage qu'on appelle l'esprit d'*initiative* ou d'entreprise. « Celui qui en est animé ne se contente pas d'attendre les événements ; il les provoque, il dirige sa vie avec décision, avec audace. Il ne dépend pas de lui de supprimer les difficultés ; mais il les simplifie quelquefois en les abordant dès l'origine, au moment où elles n'ont pas encore eu le temps de grossir. » (Mézières).

Pensées. — *Le parfait courage consiste à faire sans témoins ce qu'on serait capable de faire devant tout le monde.* (La Rochefoucauld).

La fortune favorise ceux qui ont l'esprit d'initiative.

2ᵉ Résumé : I. La patience. — II. La modération dans la prospérité. — III. L'égalité d'humeur ou possession de soi-même.

I. Il y a une sorte de courage qui consiste, non pas à braver le danger ou la mort, mais à savoir endurer la souffrance, la maladie, la pauvreté, à supporter sans murmurer les ennuis et les maux de la vie. Ce courage, dont l'homme a besoin à tous les instants de son existence, se nomme la *patience*.

II. La *modération dans la prospérité* est cette force d'âme qui fait que l'homme ne se laisse pas enivrer par les faveurs de la fortune. C'est une des formes du courage.

III. Les anciens appelaient *égalité d'âme* la vertu qui fait qu'on n'est pas plus enivré par la bonne fortune qu'abattu par la mauvaise. Nous la nommons *égalité d'humeur* ou *possession de soi-même*.

La *patience* et la *modération dans la prospérité* ne sont, pour ainsi dire, que les deux formes de l'*égalité d'humeur* s'exerçant dans des situations opposées.

Pensée. — *Il n'y a pas moins de faiblesse à manquer de modération quand la fortune nous sourit, que lorsqu'elle nous est contraire ; et il n'y a rien de plus beau dans la vie qu'une âme toujours égale, un front toujours le même, un visage toujours serein.* (Paul Janet).

3ᵉ Résumé : I. L'apathie et l'indifférence. — II. La colère : colère généreuse, colère brutale. — III. Caractères irascibles et caractères vindicatifs. — IV. Dangers de la colère.

I. La patience et la résignation ne doivent pas être confondues avec l'*apathie* et l'*indifférence*.

L'*apathie* est l'absence de sensibilité morale; l'homme apathique ne sait pas plus aimer la vertu que haïr le vice.

L'homme *indifférent* parle, juge, agit comme s'il ne faisait pas la distinction du bien et du mal.

Un ancien qualifie de stupides ceux dont l'âme ne paraît ni touchée à la vue d'une belle action, ni révoltée en présence d'un acte indigne ou injuste.

II. La *colère* est un emportement violent qui prive momentanément l'homme de sa raison; cette fureur aveugle est un signe de faiblesse morale et s'oppose à la patience.

Il ne faut pas confondre la colère brutale avec l'*indignation*, colère noble et *généreuse*, « que l'injustice allume dans les âmes passionnées pour le bien. »

III Les personnes portées à la colère sont de deux sortes. Les unes, les *irascibles*, s'emportent vite et s'apaisent de même. Les autres, les personnes *vindicatives*, gardent en elles leur ressentiment et ne se calment ordinairement que quand elles se sont vengées.

IV. La colère brutale, qui met l'homme hors de lui-même, le pousse souvent aux actes les plus déplorables, tels que les injures, les coups, les blessures et même le meurtre.

Réflexions. — *Il faut être patient pour devenir maître de soi et des autres hommes : l'impatience, qui paraît une force et une vigueur de l'âme, n'est qu'une faiblesse et une impuissance de souffrir la peine.* (Fénelon).

Où la colère a semé, c'est le repentir qui recueille.
(MANZONI).

4ᵉ RÉSUMÉ : I. La bonté : elle doit s'exercer envers tous les êtres animés. — II. Ne pas maltraiter, ne pas faire souffrir sans nécessité les animaux. — III. Absurdité de toute destruction inutile.

I. Soyons bons à l'égard de nos semblables; que notre bonté s'étende à tous les êtres animés, qui, comme nous, sont sensibles au plaisir et à la douleur.

II. Il nous est permis de tuer les animaux nuisibles et ceux dont la chair sert à notre nourriture; nous pouvons aussi utiliser dans nos travaux certaines espèces, comme le cheval et le chien. Mais il nous est défendu d'en faire souffrir aucun sans nécessité, et notre devoir est de bien soigner, de traiter avec douceur les animaux domestiques, qui sont nos serviteurs et nos compagnons.

III. Détruire sans raison les animaux, et même les plantes et les arbres, est tout à la fois cruel et absurde.

RÉFLEXIONS. — *L'enfant qui maltraite les animaux manque de cœur ou de jugement.*

Les vieux arbres, qui ont vu passer tant de générations humaines, ont quelque chose de vénérable qui doit nous inspirer une sorte de respect.

Tout ce qui vit est voué à la destruction, et toute destruction est triste. Comment ne serait-il pas coupable et absurde à un être mortel de multiplier la mort autour de lui ? (H. MARION).

La bonté applaudit à la joie et s'attriste à l'infortune. (MAGASIN PITTORESQUE).

5ᵉ Résumé : I. L'ingratitude envers les animaux. — II. La fable de La Fontaine : l'*Homme et la Couleuvre*.

I. Maltraiter les animaux qui vivent avec nous, qui nous rendent des services, les priver de nourriture ou ne pas leur donner les soins nécessaires, ce n'est pas seulement de l'injustice et de la cruauté, c'est encore de l'ingratitude.

II. Notre grand fabuliste, La Fontaine, dans sa belle fable intitulée : l'*Homme et la Couleuvre*, flétrit éloquemment l'injustice et la dureté de l'homme envers les animaux, ses bienfaiteurs.

La vache lui donne son lait et ses enfants ; enfin la voilà vieille ; il la laisse en un coin, sans herbe ; s'il voulait encore la laisser paître ! Mais elle est attachée !

Le bœuf, chargé des plus lourds travaux des champs, a pour toute récompense « force coups, peu de gré. » Devenu vieux, il est immolé.

L'arbre orne les jardins et les champs, il courbe sous les fruits :

> Cependant pour salaire
> Un rustre l'abattait. C'était là son loyer ;
> Quoique pendant tout l'an, libéral, il nous donne
> Ou des fleurs au printemps, ou des fruits en automne,
> L'ombre l'été, l'hiver les plaisirs du foyer.

Réflexion. — *Les naturels sanguinaires à l'endroit des bêtes témoignent une propension naturelle à la cruauté.* (Montaigne.)

Il y a une certaine justice à nourrir les animaux qui ont vieilli avec nous.

6ᵉ Résumé : I. La loi *Grammont*. — II. Société protectrice des animaux. — III. Protection des nids. — IV. Associations scolaires pour la protection des animaux.

I. La loi Grammont, votée en 1850 pour punir les mauvais traitements infligés aux animaux, est ainsi conçue :

« Seront punis d'une amende de 5 à 15 fr., et pourront l'être de 1 à 5 jours de prison, ceux qui auront exercé publiquement et abusivement des mauvais traitements envers les animaux domestiques La peine de la prison sera toujours applicable aux cas de récidive. »

II. La *Société protectrice des animaux*, créée pour venir en aide à la loi, a pour but d'améliorer le sort des animaux par tous les moyens en son pouvoir. Elle décerne des récompenses aux propagateurs de son œuvre, aux agents de l'agriculture ayant fait preuve de bons traitements, de soins intelligents et soutenus, de compassion envers les animaux, etc., etc.

III. La plupart des oiseaux charment nos yeux par leur beauté et nos oreilles par leurs chansons. De plus, ils font une chasse des plus actives aux insectes nuisibles. Il serait aussi insensé que cruel de détruire leurs nids. Nous ne nous rendrons jamais coupables d'une pareille action.

IV. Les associations scolaires pour la protection des animaux et des nids poursuivent un but louable, qui est d'inspirer aux enfants (souvent « cet âge est sans pitié ») des sentiments de bonté et de compassion envers les animaux en général, et les petits oiseaux en particulier.

Pensée.

Ah! ne dénichez pas les oiseaux dans vos jeux.
(Berquin.)

L'oiseau peut vivre sans l'homme, mais l'homme ne peut vivre sans l'oiseau. (Le Président BONJEAN).

MOIS DE JUIN.

Devoirs envers les autres hommes.

1ᵉʳ Résumé : Ils sont renfermés dans deux préceptes : jutice et charité.

Les devoirs de l'homme envers ses semblables se résument en ces deux mots : *justice* et *charité*.

Le devoir de *justice* consiste à respecter le *droit* d'autrui ; il a pour formule cette maxime : « Ne fais pas aux autres ce que tu ne veux pas qu'on te fasse. »

Le devoir de *charité* consite à faire à autrui le plus de bien possible ; il a pour formule cette maxime : « Fais aux autres ce que tu veux qu'on te fasse à toi-même. »

Pensées. — *La justice respecte ou restitue, la charité donne.* (V. Cousin.)

Aime ton prochain comme toi-même.

Devoirs de justice.

2ᵉ Résumé : I. La justice est absolue, sans exception. — II. Respect des personnes dans leur vie. — III. Le droit de légitime défense.

I. Les devoirs de justice sont plus précis, plus stricts, plus pressants, mieux définis que les devoirs de charité;

parce qu'ils correspondent à des droits bien établis. Aussi, dans la plupart des cas, la loi écrite en impose-t-elle l'accomplissement.

II Le premier devoir envers nos semblables, c'est de respecter leur vie. *Tuer* quelqu'un est le plus abominable de tous les crimes Le *meurtre* ou *homicide* est réprouvé par la conscience et sévèrement puni par la loi.

III, Si nous étions attaqués, nous aurions le droit et aussi le devoir de nous défendre. Il nous serait même permis, si cela était nécessaire, d'ôter la vie à notre agresseur pour protéger la nôtre. Nous serions alors, comme on dit, dans le *cas de légitime défense*.

Mais ce droit est limité, comme tous nos droits. Ce serait en abuser, et, par conséquent, nous rendre coupables, que d'aller au-delà de ce qu'exige notre sécurité.

Nous ne pouvons invoquer le droit de légitime défense qu'en l'absence des agents chargés du maintien de l'ordre public.

PRÉCEPTE. — *Tu ne tueras point.* (DÉCALOGUE).

3ᵉ RÉSUMÉ : I. Respect des personnes dans leur liberté. — II. Respect des personnes dans leur honneur et leur réputation. — III. Prix de l'estime publique.

I. La vie, sans la liberté, est un bien qui perd tout son prix, toute sa valeur morale Nous devons avoir la faculté de faire de notre vie l'usage que nous indiquent notre raison et notre conscience. C'est pourquoi la liberté de nos semblables doit être respectée au même titre que leur existence même.

L'esclavage, qui faisait de l'homme une *chose*, était une institution monstrueuse et immorale Le *servage*, qui n'était plus l'esclavage, était également condamnable, car « c'était toujours l'homme dépouillé de ses droits les plus chers et ravalé au rang d'une chose. »

II. Il ne suffit pas de respecter la vie et la liberté d'autrui ; il faut aussi respecter son honneur.

III. L'homme, vivant au milieu de ses semblables, a le souci de mériter leur estime, à laquelle il attache souvent autant de prix qu'à la vie même.

Pensées. — *La liberté est un bien sans lequel les autres ne sont rien.*

L'honneur est une propriété morale ; il fait partie de notre être, et il est nécessaire à notre existence sociale. (Ad. Franck).

4ᵉ Résumé : I. La calomnie. — II. La médisance.

C'est manquer gravement au devoir de justice que de porter atteinte à l'honneur de nos semblables, que de chercher à détruire la bonne réputation dont ils jouissent.

On attente à l'honneur d'autrui par la *calomnie* et par la *médisance*.

I. La *calomnie* est le mensonge commis dans l'intention de nuire à la réputation d'autrui.

II. La *médisance* consiste à dévoiler sans motif légitime les défauts ou les fautes d'autrui.

Souvent on médit par *vanité* : on veut faire montre d'esprit ; par *envie* : quelqu'un vous porte ombrage, vous le rabaissez dans l'esprit des autres. Ceux qui prêtent une oreille complaisante à la médisance ne sont guère moins coupables que ceux qui la commettent : s'il y a des médisants, n'est-ce pas parce qu'il y a des gens qui les accueillent et les encouragent ?

Proverbe. — *On guérit d'un coup d'épée, mais rarement d'un coup de langue.*

La médisance jette la dissension dans les cités.
(Massillon).

5ᵉ Résumé : I. Respect des personnes dans leurs biens. — II. Le vol.

I. Je suis le maître de ma personne et de mes facultés.

L'œuvre que je crée librement par mon travail, par mon activité, par mon intelligence, est à moi, et non pas à un autre : j'en puis disposer à mon gré. Ce droit, qu'on appelle *droit de propriété*, repose sur la liberté individuelle ; il est, par conséquent, inviolable et sacré comme la liberté elle-même.

II. La violation du droit de propriété s'appelle le *vol*. Le vol est une action honteuse.

Le vol proprement dit consiste à prendre ce qui appartient à un autre. S'approprier le bien d'autrui par des moyens déloyaux constitue le vol qu'on nomme *fraude*.

Détruire un objet qui n'est pas à nous, c'est manquer au respect dû au bien d'autrui.

On est encore coupable, quand on ne rend pas un objet trouvé.

Celui qui a fait du tort à autrui doit le réparer ; celui qui a volé est tenu à la *restitution* de ce qu'il a pris. Voilà ce qu'exige la justice.

Précepte. — *Tu ne déroberas point.*
(Décalogue).

MOIS DE JUILLET.

Devoirs de charité.

1er RÉSUMÉ : I. La charité, non moins obligatoire que la justice, est plus indépendante. — II. Sa beauté est dans sa liberté.

I. « La loi morale ne nous oblige pas seulement à ne pas nuire à nos semblables, elle nous oblige à leur faire du bien. Il ne suffit pas de ne pas les tuer, il faut les aider à vivre ; ni de respecter leur bien, il faut encore leur faire part du nôtre. » (J. SIMON, *Le Devoir*). Nous leur devons donc la *charité* comme la *justice*.

II. La formule de la justice est claire : respecter les droits d'autrui ; et l'on peut être contraint de respecter ces droits. Mais on ne peut être forcé de s'imposer un sacrifice, de se dévouer pour autrui. La charité n'a ni règles ni limites ; elle est libre, elle est volontaire. La beauté de la charité réside dans sa liberté. (D'après V. COUSIN).

PRÉCEPTE. — *Aimez votre prochain comme vous-même.* (EVANGILE).

2e RÉSUMÉ : I. La bienveillance et la bienfaisance. — II. Le dévouement et le sacrifice. — III. Protéger la liberté de ses semblables. — IV. Travailler au bonheur d'autrui. — V. Aider les indigents.

I. « La *bienveillance* est le premier, le plus simple degré de la charité. La bienveillance peut ne se manifester que par des sentiments. La *bienfaisance* se manifeste par des actes. » (A. MÉZIÈRES).

II. Le *dévouement* consiste dans le sacrifice de ses biens, de son temps, de ses goûts, de ses plaisirs, de sa santé, de sa vie quelquefois, pour soulager son semblable, pour l'aider, pour l'arracher à un danger ou à la mort.

III. Protégeons autrui dans sa liberté; défendons le faible contre l'homme injuste qui voudrait l'opprimer.

IV. Soyons bons, obligeants envers tout le monde; travaillons de tout notre pouvoir au bonheur du prochain.

V. Soyons compatissants pour les malheureux; soulageons ceux qui sont dans la misère.

Venons en aide à celui qui est dans l'indigence. La manière la plus simple de l'assister, c'est de lui donner l'*aumône*. Mais nous avons quelque chose de mieux à faire pour lui, c'est de travailler à le retirer de son état en lui procurant, si nous le pouvons, les moyens de se passer des secours d'autrui.

PENSÉES. — *L'occasion de faire du bien se présente partout où il y a des hommes.* (SÉNÈQUE).

La façon de donner vaut mieux que ce qu'on donne.
(CORNEILLE).

Devoirs envers Dieu.

3ᵉ RÉSUMÉ : Existence de Dieu.

Toute œuvre prouve l'existence d'un ouvrier et porte la marque de son intelligence. « Il est manifeste que l'univers marque la puissance qui l'a formé; il est vrai qu'il y a un être qui a produit et arrangé tout ce que nous voyons. Cet être est ce qu'on nomme Dieu. » (FÉNELON).

« Comment êtes-vous assuré qu'il y a un Dieu, demandait-on à un pauvre Arabe? — De la même manière, répondit-il, que je connais, par les traces empreintes sur le sable, s'il a passé un homme ou une bête. »

L'homme a des devoirs envers tous les êtres; il en a aussi envers Dieu, le père de la nature.

PENSÉES.

> Oui, c'est un Dieu caché que le Dieu qu'il faut croire ;
> Mais, tout caché qu'il est, pour révéler sa gloire
> Quels témoins éclatants devant moi rassemblés !
> Répondez, cieux et mers, et vous, terre, parlez !
> . . . .
> O cieux ! que de grandeur et quelle majesté !
> J'y reconnais un maître à qui rien n'a coûté,
> Et qui dans vos déserts a semé la lumière,
> Ainsi que dans nos champs il sème la poussière.
>
> (Louis RACINE).

Attendez, pour nier Dieu, qu'on vous ait bien prouvé qu'il n'existe pas.

4ᵉ RÉSUMÉ : Devoirs envers Dieu.

Les devoirs envers Dieu sont les *devoirs religieux*.

Chaque religion enseigne et prescrit des devoirs religieux spéciaux.

Mais il est des devoirs religieux généraux que la conscience humaine reconnaît, et dont voici les principaux :

Nous devons à Dieu l'*adoration*, sentiment mêlé de respect et d'amour ;

Nous devons admirer sa puissance et sa bonté, visibles dans l'œuvre sublime de la création ;

C'est un devoir religieux que de nous instruire et de cultiver notre intelligence : négliger d'éclairer et de fortifier notre raison, ce serait outrager celui qui nous a fait ce don si précieux ;

Le nom de Dieu est un nom sacré ; ne le prononçons pas à la légère. Gardons-nous surtout de le blasphémer : nous commettrions une faute très grave ; nous donnerions, en outre, la plus triste idée de notre éducation.

DIEU.

L'Eternel est son nom, le monde est son ouvrage ;
Il entend les soupirs de l'humble qu'on outrage,
Juge tous les mortels avec d'égales lois,
Et du haut de son trône interroge les rois...

(Racine, Esther.)

5ᵉ Résumé : Devoirs envers Dieu (<i>fin</i>).

Les hommes, enfants de Dieu comme nous, sont nos frères. L'amour de Dieu ne peut se concevoir sans l'amour des hommes, et nous devons mettre la charité au rang des premiers devoirs religieux.

La loi morale, qui est gravée dans nos cœurs et que la conscience nous révèle, a Dieu pour auteur ; et c'est accomplir un devoir religieux que d'en faire la règle de nos actions et de nos pensées. Remarquons qu'à ce point de vue, tous nos devoirs sont des devoirs envers Dieu, le législateur suprême.

Honorer Dieu selon sa conscience est un devoir, et, par conséquent, un droit pour chacun. Aussi serions-nous coupables envers Dieu et envers le prochain, si nous prétendions imposer aux autres le culte que nous pratiquons, ou si nous voulions les empêcher de pratiquer le leur. La tolérance religieuse est une grande vertu sociale, sans laquelle la paix ne peut exister parmi les hommes.

Pensées.

A la religion discrètement fidèle,
Sois doux, compatissant, indulgent comme elle,
Et, sans noyer autrui, songe à gagner le port.
(Voltaire).

Dans nos jours passagers, de peines, de misères,
Enfants du même Dieu, vivons au moins en frères. (Id.)

Ceux qui suivent tout droit leur conscience sont de ma religion ; et moi, je suis de celle de tous ceux-là qui sont braves et bons. (Henri IV).

INSTRUCTION CIVIQUE

MOIS D'OCTOBRE.

1ᵉʳ Résumé : Ce que c'est qu'un Etat : La France est un Etat.

« L'homme isolé ne peut presque rien ; il peut tout quand il unit ses efforts à d'autres efforts. C'est pour cela que l'homme vit en société au lieu de vivre seul. » (Ch. Bigot)

La première de toutes les sociétés est la famille. (Voir *Enseignement moral*, p 6).

La réunion de plusieurs familles voisines forme une *commune*.

Plusieurs communes constituent un *canton*.

Un groupe de cantons constitue un *arrondissement*.

Le département est la réunion de plusieurs *arrondissements*.

L'association de tous les départements, tous réunis pour faire œuvre commune, se nomme l'*Etat*. La France est un Etat.

Un *Etat* est une étendue de territoire dont les habitants ont les mêmes lois et reconnaissent le même pouvoir, les mêmes chefs.

Il y a, en Europe, *18 Etats principaux*.

Réflexion. — *L'union fait la force.*

2ᵉ Résumé : Différence entre les mots *race*, *nation*, *peuple*, *Etat*.

Un *Etat*, avons-nous vu, est un territoire dont les habitants ont le même gouvernement ; ce mot désigne aussi les habitants eux-mêmes considérés comme association politique

Une *race* est une réunion d'individus descendant d'ancêtres communs, de qui ils tiennent certaines qualités physiques, morales et intellectuelles.

Une *nation* est une réunion d'hommes qui ont des intérêts communs résultant le plus souvent d'un même passé historique, de l'usage d'une même langue, du même héritage de grandeur, de gloire, de revers, etc

Le sens du mot *peuple* ne diffère guère de celui du mot *nation*, du moins quand on dit : le *peuple* français, la *nation* française.

RÉFLEXION. — *Avoir des gloires communes dans le passé, une volonté commune dans le présent ; avoir fait de grandes choses ensemble, vouloir en faire encore, voilà la condition essentielle pour être un peuple.* (E. RENAN).

3ᵉ RÉSUMÉ : I. Lois. — II. Constitution. — III. Gouvernement. — IV. Lois civiles.

I. Dans un Etat, il faut qu'il existe une puissance publique chargée de maintenir l'ordre et d'agir au nom de tous. Elle a le pouvoir d'établir certaines règles qui s'imposent à tous : ces règles sont les *Lois*.

L'ensemble des lois d'un pays s'appelle le *droit* ou la *législation* de ce pays.

II. Le *droit public* est cette partie de la législation qu règle l'organisation de l'Etat ; les lois qui constituent le droit public sont des *lois politiques*.

La loi politique qui détermine la forme du *Gouvernement* et les droits politiques des citoyens s'appelle la *Constitution*.

III. Le *Gouvernement* est l'ensemble des pouvoirs qui exercent la puissance publique.

IV. Les *lois civiles* sont celles qui règlent les intérêts des particuliers et les rapports des citoyens entre eux.

RÉFLEXION. — *Les lois sont faites dans l'intérêt général.*

4ᵉ RÉSUMÉ : Différentes formes de gouvernement.

Les principales formes de gouvernement sont :

1º La *Monarchie*, ou le pouvoir d'un *seul* : *roi* ou *empereur*. Le monarque exerce la puissance comme un droit personnel qui se transmet par succession. Quand son autorité n'est pas limitée par une *Constitution*, on dit que la monarchie est *absolue* ou *despotique* (Ex. la Russie). Quand l'autorité du souverain est déterminée par une constitution et que les lois sont faites par une ou plusieurs assemblées élues, on dit que le Gouvernement est une monarchie *constitutionnelle* ou *représentative*. (Ex. la Belgique, l'Angleterre);

2º La *République*, ou le gouvernement exercé par le peuple tout entier, ou par une partie du peuple. Dans le premier cas, la république est dite *démocratique*.

RÉFLEXION. — *S'il n'y avait plus de gouvernement, la société serait livrée au désordre ; il n'y aurait plus de sécurité pour personne.*

5ᵉ RÉSUMÉ : I. Monarchie et République. — II. La France est une *République*.

1. La forme républicaine est supérieure à la forme monarchique, parce qu'il vaut mieux qu'un peuple fasse ses affaires lui-même que de les confier à un homme. Celui-ci peut avoir des intérêts particuliers contraires à l'intérêt public.

Dans une monarchie, il y a un maître qui commande et des *sujets* qui obéissent; dans un gouvernement libre, il y a des *citoyens* qui ont des *droits* garantis, mais aussi des *devoirs* à remplir.

II. Le gouvernement de la France est une *république démocratique*. La nation française est libre; elle est maîtresse d'elle-même.

RÉFLEXION. — *Un gouvernement légitime est celui dont l'autorité émane du consentement libre des gouvernés.*

Le citoyen français.

6ᵉ RÉSUMÉ : Quelles personnes naissent Françaises. (*Loi du 25 juin 1889.*)

Pour jouir des droits garantis au citoyen français, il faut être né Français ou acquérir la qualité de Français.

Sont Français : 1° Tout individu né d'un Français en France ou à l'étranger; — 2° Tout individu né en France de parents inconnus ou dont la nationalité est inconnue; — 3° Tout individu né en France d'un étranger qui lui-même y est né; — 4° Tout individu né en France d'un étranger et qui, à l'époque de sa majorité, est domicilié en France, à moins que, dans l'année qui suit sa majorité, il ne déclare vouloir conserver la nationalité de ses parents.

RÉFLEXION. — *Tout homme qui a le droit de prendre part aux affaires publiques est un* citoyen.

7ᵉ RÉSUMÉ : I. Comment on acquiert la qualité de Français. — II. Naturalisation.

I. L'étrangère qui épouse un Français devient Française

Deviennent également Français les habitants d'un territoire annexé à la France.

II. Un étranger qui veut devenir Français doit se faire *naturaliser*.

Peuvent être naturalisés : 1º L'étranger qui, après autorisation, a trois ans de domicile en France ; — 2º L'étranger qui peut justifier de dix ans d'une résidence non interrompue ; — 3º L'étranger admis à fixer son domicile en France, après un an, s'il a rendu des services importants à la France, s'il y a introduit des éléments de richesse et de prospérité, etc.; — 4º L'étranger qui a épousé une Française, après un an de domicile autorisé.

Il est statué par décret, après enquête, sur les demandes de naturalisation.

RÉFLEXION. — *Soyons heureux et fiers d'être Français.*

MOIS DE NOVEMBRE

Principaux droits garantis à tous les citoyens français.

1ᵉʳ RÉSUMÉ : I. Egalité. — II. Liberté individuelle.

La Constitution et les lois nous garantissent un certain nombre de *droits* admirablement définis dans la *Déclaration des Droits de l'Homme et du Citoyen*. Cette déclaration a été votée en 1789 par notre première Assemblée nationale.

1º *Egalité*. — Tous les Français ont les mêmes droits et les mêmes devoirs : tous peuvent prétendre également aux emplois publics, tous contribuent de la même manière aux charges communes. Il n'existe entre eux d'autre distinction que celle du mérite, du talent et des vertus.

2º *Liberté individuelle*. — Chacun peut faire ce qu'il veut :

— 58 —

aller, venir, séjourner dans un lieu ou dans un autre, exercer la profession qu'il a choisie, etc. Il ne peut être arrêté ni détenu qu'en vertu de la loi et selon la forme qu'elle prescrit.

Pensée. — *Respectons la liberté d'autrui comme nous voulons qu'on respecte la nôtre.*

Suite.

2ᵉ Résumé : III. Liberté de conscience. — IV. Liberté de la presse. — V. Droit de propriété.

3° *Liberté de conscience.* — Chacun peut professer la religion qu'il veut, ou n'en professer aucune. Seulement toute manifestation religieuse qui pourrait troubler l'ordre public doit être interdite.

4° *Liberté de la presse.* — Chacun a le droit de publier ses opinions par le moyen des journaux ou des livres. La liberté de la presse est nécessaire au développement intellectuel et moral de la société.

5° *Droit de propriété.* — La propriété est inviolable et sacrée : nul ne peut en être dépouillé si ce n'est pour cause d'utilité publique, et moyennant une juste et préalable indemnité ; c'est ce qu'on appelle l'*expropriation pour cause d'utilité publique.*

Réflexions. — *La liberté du citoyen finit où la liberté d'un autre citoyen commence.* (Victor Hugo.)

Il n'y a pas de droits *sans* devoirs.

Fin.

3ᵉ Résumé : VI. Suffrage universel. — VII. Vote de l'impôt et de la loi.

6° *Suffrage universel.* — C'est le droit accordé à tous de participer, par le vote, à la nomination de ceux qui sont chargés de gouverner.

7° *Vote de l'impôt et des lois.* — L'impôt doit être voté par les représentants de la Nation : on ne peut prendre dans la poche du citoyen, même un centime, sans son consentement, ou, autrement dit, sans le consentement des mandataires du peuple.

Les *lois* auxquelles le citoyen obéit sont également votées par les hommes qu'il a choisis.

Pensée. — *Le droit de voter nous impose le devoir de nous instruire.*

4ᵉ Résumé : I. Ce qu'on entend par unité nationale. — II. La souveraineté nationale.

I. Ce qui constitue pour un peuple l'*unité nationale*, ce n'est pas seulement la communauté d'origine et de langage, l'unité du gouvernement et de législation; c'est encore, c'est surtout la garantie des mêmes droits reconnus à tous, avec l'obligation pour tous de supporter les mêmes charges.

L'œuvre de l'unité nationale, à laquelle les rois de France ont travaillé pendant des siècles, a été achevée par la Révolution de 1789 et par la Révolution de 1848. C'est cette dernière qui a proclamé le suffrage universel.

II. Une nation doit être libre et maîtresse d'elle-même ; par conséquent, elle doit avoir le droit de se gouverner par les représentants qu'elle nomme. Ce droit est fondé sur le principe de la *souveraineté nationale*.

Réflexion. — *Le pouvoir légitime est celui qui est fondé sur la* volonté nationale.

5ᵉ Résumé : Ce qu'étaient l'égalité, la liberté et la fraternité avant 1789.

Avant 1789, la France était gouvernée par un roi qui

regardait la nation comme sa propriété : la *souveraineté nationale* était méconnue.

L'*égalité* n'existait pas : il y avait, pour ainsi dire, trois peuples en France : la *noblesse* et le *clergé*, qui jouissaient de nombreux *privilèges*; le *tiers-état*, — ou les « gens de race ignoble », suivant un mot de Louis XIV, — qui était assujetti à une foule de charges et ne pouvait arriver à toutes les dignités.

La *liberté* individuelle, la liberté de conscience, toutes les libertés, en un mot, étaient violées ou abolies.

Ces injustices, ces inégalités entretenaient dans la nation des divisions et des haines. Ces divisions et ces haines, qui ont été la cause de grands malheurs, étaient contraires à la *fraternité*, c'est-à-dire au sentiment d'union et d'amour qui doit régner parmi tous les enfants d'une même Patrie.

Réflexion. — *Deux individus ne peuvent vraiment se regarder comme frères que s'ils jouissent de droits égaux.*

6ᵉ Résumé : Nous devons la reconnaissance de nos droits à la Révolution française.

La connaissance que nous avons de l'état de la société avant 1789 nous permet d'apprécier toute l'étendue des bienfaits dont nous sommes redevables à la Révolution.

C'est elle qui a formulé, dans la *Déclaration des droits de l'homme*, les droits naturels et sacrés de l'homme; c'est elle qui a constitué un nouvel état social fondé sur la justice, c'est-à-dire sur le respect de ces mêmes droits

Voilà pourquoi nous devons une reconnaissance éternelle aux hommes qui ont fait notre grande Révolution.

Réflexions. — *Les vérités sociales proclamées par la Révolution sont appelées* les principes de 89.

Les principes de 89 sont aussi anciens que le

nre humain : *la Révolution a eu la gloire de les rmuler, comme Christophe Colomb a eu la gloire découvrir l'Amérique, qui existait avant lui.*

7ᵉ Résumé : *Liberté, égalité, fraternité.*

Ces trois mots composent la devise de la République franse. Ils sont le résumé de nos droits et de nos devoirs de oyens.

Liberté. — Nous pouvons faire ce qui ne nuit pas aux tres ; la loi nous assure l'exercice de nos droits en nous posant le respect des droits d'autrui

Egalité. — Nous sommes tous égaux en droits et en voirs : la loi est la même pour tous ; les emplois et les nités sont accessibles à tous ; tous sont assujettis aux mes obligations.

Fraternité. — Enfants de la même Patrie, nous devons us aimer et nous protéger mutuellement. C'est l'esprit de ternité qui a fondé des écoles ouvertes aux pauvres comme x riches, des hôpitaux et d'autres établissements où la ladie, la pauvreté et la misère reçoivent les secours et les lagements qu'elles réclament.

Réflexions. — *L'Evangile a proclamé que les mmes sont frères et égaux devant Dieu.*
La Révolution a proclamé qu'ils sont égaux vant la loi.

MOIS DE DÉCEMBRE.

1ᵉʳ Résumé : Principaux devoirs imposés à tous citoyens français : 1° Obéissance à la loi ; Obligation scolaire ; 3° Service militaire ; 4° Impôt.

La Patrie nous protège et nous assure de nombreux avantages ; nous avons, en retour, des obligations à remplir envers elle. Ces obligations sont au nombre de quatre principales.

1° *Obéissance à la loi.* — Le citoyen doit obéir aux lois, ou règles établies dans l'intérêt de tous.

2° *Obligation scolaire.* — Il est de l'intérêt de la Patrie que tous les citoyens soient instruits ; aussi a-t-elle décrété l'obligation scolaire.

3° *Service militaire.* — La Patrie impose à ses enfants le devoir de la servir dans l'armée, et, au besoin, de mourir pour elle.

4° *Impôt.* — En échange des services qu'elle nous rend, elle exige de nous le paiement annuel d'une somme d'argent, qui est l'*impôt* ou *contribution*.

RÉFLEXIONS. — *Nos devoirs envers la Patrie sont les devoirs civiques.*

Un bon citoyen est celui qui remplit exactement et volontairement les devoirs civiques.

2ᵉ RÉSUMÉ : I. *L'obligation scolaire.* — II. Loi du 28 mars 1882. — III. Sens de l'expression *obligation scolaire.*

L'instruction a été rendue *obligatoire* dans notre pays par la loi du 28 mars 1882. L'obligation existe en Prusse depuis un siècle ; elle a été établie dans la plupart des Etats de l'Europe ; la France s'est enfin décidée à suivre ce bon exemple.

II. L'article 4 de la loi dit « que l'instruction primaire est obligatoire pour les enfants des deux sexes âgés de 6 ans révolus à 13 ans révolus ; qu'elle peut être donnée, soit dans les établissements d'instruction *primaire* ou *secondaire*, soit dans les écoles *publiques* ou *libres*, soit dans les *familles*, par le père de famille lui-même ou par toute personne qu'il aura choisie. »

III. Le père de famille peut donc faire instruire ses enfants comme il l'entend ; il a toute liberté sous ce rapport. Ce que la loi ne lui permettrait pas, ce serait de les laisser croupir dans l'ignorance.

RÉFLEXION. — *Un bon père de famille n'attend pas, pour faire instruire ses enfants, que la loi l'y contraigne : il les aime trop pour vouloir qu'ils restent ignorants.*

3ᵉ RÉSUMÉ : I. La loi sur l'obligation scolaire est protectrice des droits de l'enfant. — II. Le maître représentant de l'autorité paternelle.

I. Il y a des personnes qui disent que la loi sur l'obligation scolaire supprime la liberté des pères de famille. La liberté des pères de famille est limitée, comme toute liberté. Un père ne peut être laissé libre de priver son enfant du bienfait de l'instruction ; s'il le laisse dans l'ignorance, il le condamne à être malheureux toute sa vie.

En général, les parents envoient volontairement leurs enfants à l'école. La loi, protectrice des droits de l'enfant, a le pouvoir de contraindre les parents négligents ou cupides à remplir le plus grand de tous leurs devoirs.

II. L'*instituteur*, l'*institutrice* remplacent nos parents : ils sont chargés par eux de nous enseigner ce que la loi nous oblige d'apprendre. Écoutons avec docilité les leçons qu'ils nous donnent.

RÉFLEXION. — *Un père nuirait moins à son enfant en lui cassant un membre qu'en le laissant croupir dans l'ignorance.*

4ᵉ RÉSUMÉ : La Commission scolaire.

La loi a institué dans chaque commune une *commission* scolaire pour *surveiller* et *encourager* la fréquentation des écoles.

La Commission apprécie les motifs d'absence des élèves. Les seuls motifs qualifiés de légitimes par la loi sont : la maladie de l'enfant, le décès d'un membre de la famille, les empêchements résultant de la difficulté accidentelle des communications.

Les absences sont notées dans un *registre d'appel*. Un extrait de ce registre, avec l'indication du nombre et des motifs des absences, est envoyé, à la fin de chaque mois, par le directeur ou la directrice de l'école, au maire et à l'inspecteur primaire.

RÉFLEXION. — *Ne manquons jamais en classe sans motif sérieux.*

5ᵉ RÉSUMÉ : La Commission scolaire *(suite)*. La justice de paix.

« Lorsqu'un enfant se sera absenté de l'école quatre fois dans un mois, pendant au moins une demi-journée, sans justification admise par la Commission municipale scolaire, le père, le tuteur ou la personne responsable sera invitée, trois jours au moins à l'avance, à comparaître dans la salle des actes de la mairie, devant ladite commission, qui lui rappellera le texte de la loi et lui expliquera son devoir. » (Art. 12 de la loi du 28 mars 1882).

En cas de non-comparution ou de *récidive* dans les douze mois qui suivront la première infraction, le nom de la personne responsable sera affiché à la porte de la mairie « avec l'indication du fait relevé contre elle. »

Pour une nouvelle récidive, la Commission, ou, à son défaut, l'inspecteur primaire, adressera une plainte au juge de paix. L'infraction « pourra entraîner condamnation aux *peines de police*. » (Voir pages 106 et 108).

RÉFLEXION. — *Les peines prononcées par les tribunaux sont plus sévères dans un cas de récidive que pour une première faute.*

6º RÉSUMÉ : La *Caisse des écoles*.

La loi du 28 mars 1882 rend obligatoire la création d'une caisse des écoles dans chaque commune.

Le revenu de la caisse se compose de cotisations volontaires et de subventions de la commune, du département et de l'Etat. Elle peut aussi recevoir des dons et des legs.

Cette caisse est destinée à encourager et à faciliter la fréquentation de l'école, en distribuant des vêtements aux élèves pauvres, en leur fournissant des livres et du papier, en accordant des secours aux parents nécessiteux. Elle peut récompenser par quelque don les élèves les plus assidus, et décerner des prix en dehors de ceux pour lesquels le Conseil municipal vote une allocation annuelle.

RÉFLEXION. — *De nos jours les enfants ne manquent plus de moyens de s'instruire ; qu'ils soient assez avisés pour en profiter.*

7ᵉ Résumé : Le *certificat d'études primaires.*

Le *certificat d'études primaires* est un diplôme décerné, après examen public, aux enfants qui possèdent les matières essentielles de l'enseignement primaire.

Les enfants peuvent se présenter à l'examen dès l'âge de 11 ans.

« Ceux qui, à partir de cet âge, auront obtenu le certificat d'études primaires, seront dispensés du temps de scolarité obligatoire qui leur restait à passer (loi du 28 mars 1882, art. 6).

Ainsi, les enfants dont l'aide est nécessaire à leurs parents peuvent, en travaillant bien, abréger de deux ans la durée du temps pendant lequel ils sont obligés d'aller à l'école. Aussi avec quelle ardeur ne doivent-ils pas étudier en classe !

Réflexion. — *Il n'est vraiment plus permis aujourd'hui à un jeune Français, à une jeune Française, de quitter l'école sans avoir conquis le certificat d'études primaires.*

8ᵉ Résumé : *Aperçu sommaire de l'Organisation de l'instruction publique en France.*

Enseignement primaire, enseignement secondaire, enseignement supérieur.

Il y a, en France, trois degrés dans l'enseignement public :
1° L'*enseignement primaire*. — Les tout petits enfants sont reçus dans les *écoles maternelles* ; ils en sortent de 6 à 7 ans pour entrer à l'*école primaire*, où ils apprennent ce qu'il n'est permis à personne d'ignorer. Un certain nombre d'entre eux vont ensuite à l'école primaire supérieure, où ils étudient plus complètement les matières de l'enseignement

primaire. Les bons élèves de l'école primaire supérieure obtiennent le *certificat d'études primaires supérieures*.

2° *L'enseignement secondaire*. — Il est donné dans les *Lycées* et les *Collèges*. Outre les matières de l'enseignement primaire, l'enseignement secondaire comprend l'étude des *langues mortes*, latin et grec, des *langues vivantes*, et des *sciences*. Le couronnement des études secondaires est l'examen des *baccalauréats ès-lettres* et *ès-sciences*. L'enseignement secondaire comprend un enseignement qui se rapproche de l'enseignement primaire supérieur ; c'est l'enseignement *secondaire spécial*, qui conduit au *baccalauréat spécial*.

RÉFLEXION. — *En étudiant les matières enseignées à l'école, nous obéissons à la loi, tout en travaillant dans notre intérêt.*

9ᵉ RÉSUMÉ : (Suite du précédent).

3° *L'enseignement supérieur*. — Il est donné dans les *Facultés*. Il y a les Facultés des *Lettres*, des *Sciences*, de *Droit*, de *Médecine*. Les Facultés préparent aux professions dites *libérales* : médecins, avocats, juges, professeurs. Les études supérieures conduisent aux examens après lesquels sont conférés les grades de *licencié* et de *docteur*.

L'enseignement supérieur comprend, en outre, les écoles dites *spéciales* : *Ecole spéciale militaire de Saint-Cyr*, *Ecole Normale Supérieure*, *Ecole Polytechnique*, etc.

RÉFLEXION. — *L'enfant pauvre, mais intelligent et studieux, peut être admis à suivre l'enseignement secondaire et l'enseignement supérieur.*

Il peut, par son travail et sa bonne conduite, arriver aux plus hautes positions.

10ᵉ Résumé : *Les fonctionnaires* de l'enseignement primaire : directrices d'écoles maternelles, instituteurs et institutrices, etc.

Les personnes chargées de l'enseignement primaire sont : dans les *écoles maternelles*, les *directrices* et les *sous-directrices* d'écoles maternelles; dans les écoles primaires élémentaires, les *instituteurs* et les *institutrices* titulaires et adjoints, et dans les écoles primaires supérieures, les *directeurs* et les professeurs d'*écoles primaires supérieures*.

Les personnes préposées à la surveillance des établissements d'instruction primaire, sont : 1° les *délégués cantonaux*, choisis parmi les citoyens notables du canton ; 2° les *inspecteurs primaires*, nommés par le Ministre ; 3° l'*Inspecteur d'Académie*, qui réside au chef-lieu de préfecture, et qui dans quelques départements a le titre de *Directeur départemental de l'Enseignement primaire*: 4° le *Recteur*, représentant le Ministre dans l'*Académie*.

Une *Académie* est une des seize grandes circonscriptions d'instruction publique. Le département du Nord est compris dans l'Académie de *Lille*.

Le *Préfet* est aussi une autorité scolaire : il nomme les instituteurs et les institutrices; il préside le *Conseil départemental*, assemblée qui s'occupe des affaires relatives à l'enseignement primaire dans le département.

Réflexion. — *Soyons reconnaissants à tous ceux qui s'intéressent à notre instruction.*

MOIS DE JANVIER.

Le service militaire.

1ᵉʳ Résumé : I. La Patrie est une grande famille. — II. La Patrie et ses droits.

I. La Patrie n'est pas seulement la terre que nos ancêtres nous ont transmise ; c'est aussi la réunion de tous ceux qui reconnaissent les mêmes lois, qui vivent des mêmes souvenirs dans le passé, des mêmes espérances dans l'avenir. Les hommes qui ont une patrie commune forment comme une grande famille. (Voir *Enseignement moral*, page 20).

II. La Patrie, étant une association d'hommes libres, doit être libre elle-même. Elle a le droit de se gouverner comme elle l'entend, et de garder intact le territoire qui lui appartient. Elle ne manquerait pas de s'armer pour repousser l'étranger qui voudrait lui imposer des lois, ou bien lui ravir une partie de son sol et de ses enfants.

RÉFLEXION. — *La communauté des traditions, du sang, de la langue et des intérêts, a fait naître, dans les sociétés humaines, la notion de la* Patrie, *qui nous impose, pour ainsi dire, le respect et l'affection dont nous honorons nos mères.*

(JOURDY. — *Le patriotisme à l'école*).

2ᵉ RÉSUMÉ : I. Nécessité du service militaire. — II. Tout le monde doit le service militaire.

I. La France est entourée de nations qui pourraient être tentées de l'envahir, de la piller, de la démembrer, et même de la détruire. Si elle était attaquée, elle aurait beau protester et appeler à son secours : personne ne viendrait pour la sauver. Elle ne doit compter que sur elle-même.

Il est absolument nécessaire qu'elle soit forte et capable de repousser les injustes agressions de ses ennemis, de défendre son intégrité et son indépendance.

Tel est le but du service *militaire*.

II. Le service militaire étant institué pour la défense du

patrimoine commun, la *Patrie*, il est juste que tout le monde y soit assujetti.

PENSÉES. — *Une nation qui veut avoir la paix doit être prête à faire la guerre.*

La force ne prime pas le droit, mais elle est indispensable à un peuple qui veut faire respecter son droit.

3ᵉ RÉSUMÉ : I. C'est un honneur de servir son pays. — II. Le drapeau, symbole de la Patrie.

I. Servir son pays n'est pas seulement une obligation, c'est aussi un honneur. Ce devoir est tellement noble et grand, qu'on n'admet pas à le remplir les individus condamnés par les tribunaux pour des actes déshonorants; ils sont exclus, comme indignes, de l'armée française.

II. Le drapeau est l'image de la Patrie; aimons-le et respectons-le. Chaque régiment a son drapeau, qu'il doit défendre sur le champ de bataille. Les braves soldats meurent plutôt que de le laisser tomber aux mains de l'ennemi.

PENSÉE.

> Mourir pour son pays n'est pas un triste sort;
> C'est s'immortaliser par une belle mort.   (CORNEILLE.)

4ᵉ RÉSUMÉ : I. Le recrutement de l'armée. — II. Le recensement et le tirage au sort.

I. Le *recrutement de l'armée* est réglé par la loi du 15 juillet 1889. Il est soumis aux deux principes suivants :

1° « Tout Français doit le service militaire personnel. » (Art. 1ᵉʳ de la loi.)

2° « L'obligation du service militaire est égale pour tous. » Art. 2.)

II. Au commencement de chaque année, les maires des communes dressent les *tableaux de recensement* des jeunes gens ayant atteint l'âge de 20 ans révolus dans l'année précédente. L'ensemble de ces jeunes gens forme ce qu'on nomme la *classe*. Une classe est désignée par l'année dans laquelle ceux qui la composent ont accompli leur 20ᵉ année.

L'examen des tableaux de recensement et le *tirage au sort* ont lieu au *chef-lieu de canton*, en séance publique, devant le sous-préfet, assisté des maires du canton.

L'opération du tirage au sort, qui consiste pour chacun des jeunes gens inscrits à prendre un numéro dans une urne, a pour but principal de les répartir en deux catégories : 1° ceux qui sont astreints aux *trois* années de service actif ; 2° ceux qui, favorisés des numéros les plus élevés, seront renvoyés en *disponibilité* dans leurs foyers après leur première année de service. Le nombre des hommes qui forment la *disponibilité* est fixé chaque année d'après les listes du tirage au sort, par le Ministre de la Guerre, à la disposition duquel ils resteront néanmoins.

C'est parmi les jeunes gens auxquels les numéros les plus bas sont échus par le tirage au sort que sont choisis, en cas de besoin, les hommes affectés à l'armée de mer et aux troupes coloniales.

RÉFLEXION. — *Le drapeau doit être, pour tout le régiment, l'image vénérée de la Patrie, la personnification de la France.* (Général THOUMAS.)

5ᵉ RÉSUMÉ : I. Conseil de Revision (voir p. 87). — II. Exemptions, dispenses.

I. Le *Conseil de Revision* est une commission composée du

Préfet, *président*, d'un conseiller de préfecture, d'un conseiller général, d'un conseiller d'arrondissement, d'un officier général ou supérieur, d'un sous-intendant militaire, du commandant de recrutement et d'un médecin militaire. Il se transporte dans les divers cantons. Il statue sur les causes d'*exemptions* et de *dispenses*.

II. Sont *exemptés* par le conseil de revision les jeunes gens que leurs infirmités rendent impropres à tout service.

La *dispense* est accordée : à l'aîné d'orphelins de père et de mère ; — au fils unique ou aîné de veuve, ou d'une famille de sept enfants au moins; à celui dont un frère est sous les drapeaux ou est mort en activité de service, etc ; — aux jeunes gens qui remplissent effectivement les devoirs de *soutiens indispensables de famille*.

Peuvent aussi obtenir des dispenses les jeunes gens qui se livrent à des études déterminées, qui pratiquent certaines industries, se destinent à certaines carrières ou sont pourvus des diplômes mentionnés par la loi.

RÉFLEXION. — *La force publique est instituée pour l'utilité de tous.*

6ᵉ RÉSUMÉ : I. Effet de la dispense. — II. Ajournement. — III. Inscription maritime. — IV. Les réfractaires.

I. En temps de paix, les jeunes gens *dispensés* sont renvoyés dans leurs foyers, sur leur demande, après un an de présence sous les drapeaux. L'effet de la dispense cesse en temps de guerre.

II. Le conseil de revision peut *ajourner*, deux années de suite, ceux qui n'ont pas la taille de 1^m,54 ou qui sont reconnus d'une complexion trop faible.

III. Les marins de la flotte de l'Etat se recrutent par l'*inscription maritime:* tous ceux qui se livrent à la navigaon et à la pêche maritime sont *inscrits* sur des registres, sont à la disposition de l'Etat de 18 à 50 ans. En compention, ils jouissent de certains avantages.

IV. Les *réfractaires* sont ceux qui se soustraient, par la ite ou autrement, à la loi de *recrutement*. On les punit de prison. Les *déserteurs* sont ceux qui quittent le régiment ns permission. Ils sont punis de la peine des travaux iblics.

RÉFLEXION. — *Honte aux réfractaires et aux éserteurs, surtout en temps de guerre.*

7ᵉ RÉSUMÉ : I. La discipline militaire. — II. Le onseil de guerre.

I. Une des grandes forces de l'armée, c'est la *discipline*, est l'obéissance immédiate et volontaire aux ordres des hefs. Ceux-ci ne commandent que ce que les règlements rescrivent dans l'intérêt de la Patrie.

La discipline militaire est sévère, dure quelquefois. Le bon oldat s'y soumet volontiers, par devoir et par amour pour on pays.

II. Les crimes et les délits commis par les militaires sont 1gés par des tribunaux spéciaux, les *Conseils de guerre*.

Un Conseil de guerre est composé de six officiers et d'un ous-officier.

Les peines édictées par le Code de justice militaire sont rès rigoureuses.

PENSÉE. — *Préparons-nous à la pratique des levoirs du soldat par une entière soumission à la liscipline de l'école et aux ordres de notre maître.*

4

8ᵉ Résumé : *Notions sommaires sur l'organisation du service militaire.*

Tout Français reconnu propre au service militaire fait partie successivement :
De l'*armée active* pendant trois ans ;
De la *réserve de l'armée active* pendant sept ans ;
De l'*armée territoriale* pendant six ans ;
De la *réserve de l'armée territoriale* pendant neuf ans. (Art. 37 de la loi.)
A 45 ans, il est libéré à titre définitif.
La durée du service compte du 1ᵉʳ novembre de l'année de l'inscription sur les tableaux de recensement.
Les hommes de la réserve de l'armée active sont assujettis à deux manœuvres chacune de quatre semaines ; ceux de l'armée territoriale à une période d'exercices d'une durée de deux semaines.
En cas de guerre, les hommes de la réserve de l'armée territoriale peuvent être rappelés à l'activité par classe.
Jusqu'à complète libération, les hommes ont à se conformer à certaines prescriptions légales. Sous les drapeaux, ils sont soumis aux obligations de l'armée active et justiciables des tribunaux militaires.

Réflexion. — *Ne négligeons pas d'apprendre tout ce qui peut faire de nous de bons défenseurs de la Patrie.*

9ᵉ Résumé : I. Infanterie. — II. Cavalerie. — III. Armes spéciales. — IV. Marine. — V. Services auxiliaires.

On distingue, dans l'armée, différentes sortes de troupes u *armes*, savoir :

I. L'*infanterie*, ou les troupes à pied ;

II. La *cavalerie*, ou les troupes à cheval ;

III. Les *armes* spéciales, qui sont : l'*artillerie*, chargée de la manœuvre des canons et des autres gros engins de guerre ; le *génie*, chargé des travaux ayant pour objet la fortification, l'attaque et la défense des places de guerre.
La *gendarmerie* fait partie de l'armée.

IV. La *marine* a ses troupes spéciales.

V. A l'armée se rattachent des services *auxiliaires* ou *administratifs* : l'*intendance*, qui fournit les vivres et les vêtements aux troupes ; le service des *hôpitaux*, dirigé par les médecins militaires ; celui des *ambulances*, qui fonctionne en temps de guerre et accompagne les armées en marche.

RÉFLEXION. — *La Patrie, en donnant l'uniforme au soldat, lui a dit : Respecte cet uniforme, garde-toi de le déshonorer ; qu'il te rappelle sans cesse que je me repose sur toi du soin de mon honneur et de mon indépendance.* (D'après G. DURUY).

10ᵉ RÉSUMÉ : I. Les grades dans l'armée.

I. Le premier grade de l'armée est celui de *caporal* (*brigadier* dans la cavalerie).
Puis viennent :
1° Les sous-officiers : *sergents, sergents-fourriers, sergents-majors* (*maréchaux-des-logis* dans la cavalerie) ;

2° Les officiers : *sous-lieutenants, lieutenants, capitaines;*
3° Les officiers supérieurs : *chefs de bataillon* ou *commandants* (*chefs d'escadron* dans la cavalerie); *lieutenants-colonels, colonels;*
4° Les officiers généraux: *généraux de brigade, généraux de division.*

Les *maréchaux de France* occupent le plus haut rang dans l'armée.

La marine a ses grades particuliers.

RÉFLEXION. — *Depuis la Révolution, tout soldat français a son bâton de maréchal dans sa giberne.*

11° RÉSUMÉ : I. Médaille militaire. — II. Légion d'Honneur.

I. La *médaille militaire* a été instituée, en 1852, pour récompenser spécialement les sous-officiers et les soldats. Elle peut être décernée exceptionnellement aux maréchaux, aux généraux de division, aux amiraux et aux vice-amiraux qui ont rendu des services distingués.

II. La *Légion d'Honneur*, créée en 1802 par le premier Consul Napoléon Bonaparte, récompense les services civils et militaires. La réunion de tous les membres de la Légion d'Honneur porte le nom d'*Ordre* de la Légion d'Honneur, ayant à sa tête le *Grand-Chancelier*

Il y a divers grades dans la Légion d'Honneur : *Chevalier, Officier, Commandeur, Grand-Officier, Grand-Croix* ou *Grand-Cordon.*

REMARQUE. — *La Croix d'Honneur porte cette belle devise :* Honneur, Patrie.

MOIS DE FÉVRIER.

L'Impôt.

1ᵉʳ Résumé : I. Nature et nécessité de l'impôt. — II. L'impôt assure tous les services publics.

I. L'*impôt*, ou *contribution*, est la somme que chacun paie, en raison de ses ressources, pour subvenir aux dépenses de l'Etat.

Les avantages incalculables dont la société nous fait profiter ne sont pas de ceux qui nous sont accordés gratuitement, comme l'air que nous respirons. Il faut qu'ils soient payés, et, naturellement, par ceux qui en jouissent

Nous sommes protégés et défendus par une armée nombreuse ; pour la nourrir, l'habiller, la loger, l'équiper, il faut de l'argent. Pour la construction et l'entretien des routes, des canaux, des ports, etc., il faut de l'argent. Il en faut pour rétribuer tous ceux qui consacrent leur temps et qui se dévouent au service de tous

Tout cet argent, c'est l'*impôt*, et l'impôt seul qui le fournit. L'impôt est donc *nécessaire*.

II. Si l'impôt était supprimé, tous les services publics disparaîtraient : c'est l'impôt qui en assure le fonctionnement régulier et continu.

Réflexion. — *Pour l'entretien de la force publique et pour les dépenses d'administration, une contribution commune est indispensable....* (Art. 13 *de la* Déclaration des Droits de l'Homme et du Citoyen. *26 août 1789).*

2ᵉ Résumé : I. L'impôt est dû à la condition d'être consenti par la nation. — II. Les contribuables.

I. Avant 1789, la nation n'avait point de droits en matière financière L'impôt était fixé par le gouvernement ; de plus, il n'était point réparti équitablement La Révolution a proclamé ce principe que l'impôt doit être accepté et payé par tous.

Il est de règle aujourd'hui qu'aucune contribution ne peut être perçue sans avoir été préalablement consentie par la nation, ou, autrement dit, par les mandataires de la nation. Aussi l'impôt est-il voté chaque année par la Chambre des Députés et par le Sénat.

II. Tous les citoyens sont *contribuables*, c'est-à-dire qu'ils *contribuent*, sans exception, aux dépenses publiques.

Réflexion. — « *Tous les citoyens ont le droit de constater, par eux-mêmes ou par leurs représentants, la nécessité de la contribution publique, de la consentir librement, d'en suivre l'emploi...* » (*Art. 13 de la* Déclaration des Droits de l'Homme et du Citoyen).

3ᵉ Résumé : Explication des expressions : I. Assiette de l'impôt ; — II. Budget ; — III. Centime communal.

I. L'*assiette de l'impôt*, ou la manière dont il est établi et réparti, est soumise à deux principes : 1° il est payé par *tous* : c'est le principe d'*égalité* ; 2° il est réparti entre les citoyens, « en raison de leurs facultés » : c'est le principe de *proportionnalité*.

II. Le *budget* de l'Etat est l'évaluation probable, pour

une année, des *recettes* et des *dépenses* publiques. Il est préparé par le Gouvernement, discuté et voté par les Chambres.

Le département et la commune ont leur budget particulier.

III. La contribution due à l'Etat, ou le *principal*, est généralement augmentée de *centimes additionnels*, perçus au profit de la commune ou du département, et votés, soit par le Conseil municipal, soit par le Conseil général.

Un *centime communal* est le centième du principal de la contribution à payer par tous les contribuables de la commune. Si ce principal est de 5 000 fr., le *centime* est de 5 000 fr. : 100, ou 50 fr. ; 4 centimes valent 50 fr. × 4 ou 200 fr. Le contribuable ayant 40 fr. de principal à payer à l'Etat, et 4 centimes additionnels à la commune, devra en tout : 40 fr. + (40 fr. × 0,04) ou 41 fr. 60.

RÉFLEXION. — *La contribution commune doit être également répartie entre tous les citoyens en raison de leurs facultés. (Art. 13 de la* Déclaration des Droits de l'Homme et du Citoyen).

4° RÉSUMÉ : Contributions directes.

Il y a plusieurs sortes de contributions ; les principales sont les *contributions directes* et les *contributions indirectes*.

Les *contributions directes* sont celles qui sont payées *directement* par les contribuables d'après les rôles ou registres nominatifs.

Il y a quatre principales contributions directes :

1° L'*impôt foncier*, payé par les propriétaires d'immeubles ;

2° La *cote personnelle et mobilière*, comprenant une taxe personnelle équivalant à trois journées de travail, et une taxe mobilière basée sur la valeur locative de la maison ou de l'appartement qu'on habite ;

3. La *contribution des portes et fenêtres*, établie d'après le nombre des portes et des fenêtres de l'habitation qu'on occupe ;

4° L'*impôt des patentes*, dû par tout individu exerçant une profession ou une industrie

RÉFLEXION. — *Payer l'impôt est un des principaux devoirs du citoyen.*

5ᵉ RÉSUMÉ : Contributions indirectes.

Les *contributions indirectes* sont des impôts ou *droits* dont sont frappées certaines marchandises ou denrées. Il en résulte naturellement une élévation de prix pour le consommateur. Celui-ci, en achetant la marchandise, en paie la valeur augmentée de l'impôt. C'est parce que cette sorte d'impôt n'est pas payée *directement* à l'Etat qu'elle s'appelle *contribution indirecte*.

Les marchandises frappées de *droits* sont : les *boissons*, les *sucres*, le *sel*, les *cartes*, le *tabac*, etc.

Les droits de *timbre* et d'*enregistrement* se rattachent aux contributions indirectes.

RÉFLEXION. — *Celui qui se soustrait à l'impôt par un moyen quelconque commet un vol au préjudice de l'Etat.*

6ᵉ RÉSUMÉ : I. Octrois. — II. Douanes. — III. La Contrebande.

I. L'*octroi* est un droit que l'on paie à l'entrée des villes, et même de certaines communes rurales, pour y introduire soit des boissons, soit d'autres marchandises : viandes, fourrages, matériaux de construction, etc.

L'octroi est perçu au profit de la commune.

II. Les droits de *douane* sont ceux que l'on paie à la frontière pour des marchandises que l'on veut faire entrer en France.

Ils sont perçus pour le compte de l'Etat par les agents de l'administration des *douanes*.

Les *douaniers* sont des agents organisés militairement et prêtant, par une surveillance active, leur concours à l'administration des douanes.

III. La *contrebande*, ou *fraude*, consiste à introduire clandestinement des marchandises sans acquitter les droits de douane. La *fraude* est un véritable vol.

RÉFLEXION. — *La coupable industrie à laquelle se livrent les contrebandiers les conduit plus souvent au crime qu'à la fortune.*

7ᵉ RÉSUMÉ : Principaux agents des finances (contributions directes). I. Le *Percepteur*. — II. Le *Receveur particulier*.. — III. Le *Trésorier-payeur général*.

I. Les *impôts directs* sont recouvrés par les *percepteurs*. Il y a un, et souvent plusieurs percepteurs, par canton.

II. Au chef-lieu d'arrondissement se trouve le *receveur particulier*, qui reçoit les sommes recueillies par les percepteurs.

III. Les receveurs particuliers versent leurs fonds entre les mains du *Trésorier-payeur général* du département, qui réside au chef-lieu.

Le trésorier-payeur général correspond avec le *Ministre des Finances*, placé à la tête de toute notre administration financière.

RÉFLEXION. — *Une bonne situation financière est nécessaire à la prospérité et à la puissance d'un Etat.*

MOIS DE MARS.
Division administrative de la France.

1ᵉʳ RÉSUMÉ : Département, arrondissement, canton et commune.

La France est divisée en *départements* ; les départements sont divisés en *arrondissements*, les arrondissements en *cantons*, et les cantons en *communes*.

Le nombre des départements est de 86 ; il faut y ajouter le *territoire de Belfort*, partie qui nous reste du département du Haut-Rhin, perdu en 1871.

Le nombre des arrondissements est de 362 ; celui des cantons, d'environ 2.900 ; et celui des communes, d'environ 36.000.

REMARQUE. — *La division en départements date de la Révolution française (1790).*

La Commune.

2ᵉ Résumé : I. Le Conseil municipal. — II. Elections. — III. Attributions : Budget communal, etc. — IV. Sessions ordinaires et extraordinaires.

La *commune* est la plus petite de nos divisions administratives ; elle a néanmoins une grande importance, car elle a son budget, ses propriétés, des droits et des obligations, comme une *personne*. Aussi est-elle désignée sous la dénomination de *personne morale*, ou de *personne civile*.

I Le *Conseil municipal* est l'assemblée qui veille aux intérêts de la commune ; il se compose de 10 à 36 membres, suivant la population de la commune.

II. Les *conseillers municipaux* sont élus pour quatre ans, au *scrutin de liste*, par le *suffrage universel*.

III. La principale des *attributions* du Conseil municipal est le vote du *budget communal*, c'est-à-dire des recettes et des dépenses communales. Il discute et décide les autres questions intéressant la commune : acquisition, vente, construction, entretien des édifices communaux, chemins, etc. Certaines *délibérations* (décisions) du Conseil doivent recevoir l'approbation du Préfet ; d'autres sont exemptes de cette formalité.

IV. Le Conseil municipal se réunit en *session ordinaire* quatre fois par an : en février, en mai, en août et en novembre. Une session peut durer dix jours.

En dehors de ces sessions, il est quelquefois nécessaire que le Conseil s'assemble en *session extraordinaire* pour délibérer sur un objet déterminé.

Les séances du Conseil municipal sont publiques.

REMARQUE. — *L'administration de la commune peut nous donner une certaine idée de celle de l'État.*

3ᵉ RÉSUMÉ : I. Le maire et les adjoints. — II. Election.

I. Le *maire* est le premier magistrat de la commune ; il est assisté d'un ou de plusieurs *adjoints*, suivant la population de la commune. L'adjoint ou les adjoints remplacent le maire en cas d'empêchement; ils peuvent exercer, par délégation, une partie des fonctions municipales.

II. Le maire et les adjoints sont élus par le conseil municipal, dont ils doivent faire partie. Leurs pouvoirs expirent avec ceux de l'assemblée qui les a nommés.

RÉFLEXION. — *Notre devoir est de respecter l'autorité dont les magistrats ou officiers municipaux sont revêtus.*

Principales attributions du Maire.

4ᵉ RÉSUMÉ : Enumération des principales attributions du Maire.

Le maire (ou l'adjoint délégué) a des attributions multiples; il est : 1º *officier de l'Etat civil;* 2º *chef de la police municipale et rurale;* 3º *agent de pouvoir exécutif;* 4º *représentant de la commune considérée comme personne civile.* Ajoutons qu'il est chargé de faire exécuter les décisions du conseil municipal, et qu'il a le pouvoir de prendre des *arrêtés.*

Il est utile de passer en revue chacun de ces points.

RÉFLEXION. — *Le maire a droit à l'obéissance comme représentant de la loi dans la commune.*

Suite.

5ᵉ RÉSUMÉ : I. Le *Maire, Officier de l'Etat civil.* — II. *Registres de l'Etat civil.* — III. Leur utilité.

I. Comme *Officier de l'Etat civil,* le Maire est chargé de la rédaction des *actes* dits de l'*Etat civil.* (Le mot *acte* signifie ici *écrit* rédigé conformément à la loi). Ces actes

— 85 —

constatent les faits principaux de l'existence : la *naissance*, le *mariage*, le *décès*.

II. Il y a donc les actes de *naissance*, les actes de *mariage* et les actes de *décès*. Ils sont inscrits dans des registres spéciaux, tenus en double, et nommés *registres de l'état civil*.

III Ces registres ont une très grande utilité, en raison de l'importance capitale des faits qu'ils constatent *authentiquement*. En effet, l'acte de naissance fait connaître l'âge exact d'une personne, son nom, son prénom, le nom et le prénom de son père et de sa mère ; — l'acte de mariage, constate le mariage, qui est le point de départ d'une nouvelle famille ; — l'acte de décès fixe le jour où la personne cesse d'avoir des droits, et où sa succession est ouverte.

Aussi est-il essentiel que les registres de l'état civil soient tenus avec la plus grande régularité

RÉFLEXION. — *Les actes de l'état civil ont été institués par l'Assemblée nationale Constituante de 1789.*

Suite.

RÉSUMÉ : I. Le Maire chef de la police municipale et rurale. — II. Le Maire agent du pouvoir exécutif.

I. Le maire doit veiller au maintien de l'ordre dans la commune et à la protection des personnes et des propriétés.

La police *municipale* s'exerce au milieu de la population ; la police dite *rurale* a spécialement en vue la surveillance des champs et des récoltes. Les agents chargés particulièrement de la police municipale sont les *sergents de ville* ou agents de police. Le *garde-champêtre* et le *garde-forestier* sont chargés de la police rurale.

II. Le Maire est aussi l'agent du pouvoir exécutif dans la commune ; en cette qualité, il fait appliquer les lois et règlements, conformément aux instructions et aux prescriptions des ministres et du préfet.

RÉFLEXION. — *Le garde-champêtre remplit un rôle très utile : il protège les récoltes des champs.*

Fin.

7ᵉ RÉSUMÉ : I. Le Maire représente la commune considérée comme personne civile. — II. Il fait exécuter les décisions du Conseil municipal. — III. Il peut prendre des arrêtés.

I. La commune, nous le savons, est une *personne civile* (voir p. 83) ; c'est le maire qui la représente dans toutes les affaires où elle est intéressée, dans les procès qu'elle peut avoir à soutenir ; il prépare et présente au Conseil municipal le budget communal.

II. Le maire est chargé de faire exécuter les *délibérations* (décisions) du Conseil municipal.

III. Il a le droit de prendre des *arrêtés* ; les uns sont *individuels*, par exemple les arrêtés de nomination à certains emplois municipaux ; les autres ayant un caractère *général*, sont des règlements qui deviennent exécutoires après l'accomplissement de certaines formalités. La violation d'un arrêté municipal est jugée et punie par le tribunal de simple police (voir p. 106).

REMARQUE. — *Les fonctions de maire, d'adjoint et de conseiller municipal sont gratuites.*

MOIS D'AVRIL.

Le Canton.

1ᵉʳ Résumé : I. Le canton. — II. Le Juge de Paix. — III. Le tirage au sort et le Conseil de revision.

I Le *canton* est une étendue de territoire comprenant environ douze communes en moyenne. La commune qui donne son nom au canton en est le chef-lieu. Il arrive qu'une commune très importante est le chef-lieu de plusieurs cantons ; dans ce cas, elle est partagée entre ces cantons.

Le canton n'est pas une division administrative analogue à la commune, à l'arrondissement ou au département. Il ne possède point d'assemblée ou Conseil ; le pouvoir exécutif n'y a point de représentant.

II. Le canton est une circonscription judiciaire. Le tribunal du canton est la *Justice de Paix*; c'est le plus simple de nos tribunaux; il est formé d'un seul juge, qui est le *Juge de Paix* (1).

III. Rappelons que le *tirage au sort* et les opérations du *Conseil de revision* se font par canton. (Voir p. 71 et 72).

Observations. — *Il y a un percepteur des contributions directes au chef-lieu de canton.*

Le canton est représenté au Conseil d'arrondissement par un conseiller d'arrondissement, et au Conseil général du département par un conseiller général.

---

(1) Pour ne pas scinder l'étude de notre organisation judiciaire, nous écartons du programme d'avril tout détail relatif à cet objet, qui sera présenté dans son ensemble au mois de juillet. (Voir p. 105 et suiv.)

L'Arrondissement.

2ᵉ Résumé : I. L'arrondissement. — II. Le Sous-Préfet. — III. Nomination et attributions du Sous-Préfet.

I. L'*arrondissement*, subdivision du département, est une circonscription administrative et judiciaire.

II. À la tête de l'arrondissement est le *Sous-Préfet*, représentant du gouvernement.

III. Le Sous-Préfet est nommé par le Président de la République, sur la proposition du Ministre de l'Intérieur.

Il est l'auxiliaire et le subordonné du Préfet, qui a le droit de contrôler ses actes et de les annuler. Il sert d'intermédiaire entre le Préfet et les Maires. Il préside aux opérations du tirage au sort. Il donne son avis sur les réclamations que les contribuables adressent au Préfet.

Le Sous-Préfet a encore quelques autres attributions accessoires.

OBSERVATION. — *Le Préfet remplit les fonctions de Sous-Préfet dans l'Arrondissement dont le chef-lieu est en même temps celui du Département.*

L'Arrondissement (suite).

3ᵉ Résumé : I. Le Conseil d'arrondissement. — II. Élection et attributions. — III. Le tribunal de première instance.

I. Le Conseil d'arrondissement est une assemblée élective qui s'occupe de certaines affaires intéressant l'arrondissement.

Il se compose d'autant de membres ou conseillers que l'arrondissement compte de cantons, sans que leur nombre puisse toutefois être inférieur à neuf.

II. Les Conseillers d'arrondissement doivent avoir 25 ans au moins. Ils sont élus pour six ans par le suffrage universel. Ils sont renouvelables par moitié tous les trois ans.

Le Conseil d'arrondissement a au moins une session par an. Il donne son avis sur un grand nombre d'affaires. Il répartit entre les communes les contributions directes mises par le Conseil général à la charge de l'arrondissement.

III. Nous avons dit que l'arrondissement est aussi une division judiciaire : il a son tribunal, nommé *tribunal de première instance*, comprenant le tribunal *civil* et le tribunal *correctionnel*. (Voir le programme de juillet).

OBSERVATIONS. — *L'arrondissement, n'ayant pas de propriétés, ni de budget particulier, n'est pas personne civile.*

Les fonctions de conseiller d'arrondissement sont gratuites.

Le Département.

4ᵉ RÉSUMÉ : I. Le département. — II. Le Préfet. — III. Nomination.

I. Le *Département* est la plus importante de nos divisions administratives. Ajoutons qu'il a été pris comme base de l'organisation de divers services publics : finances, travaux publics, instruction, justice (1), cultes, etc.

---

(1) Faisons remarquer ici qu'il y a une *Cour d'assises* par département. (Voir le programme de juillet, p. 109).

II. Le département est administré par un *Préfet*.

III. Le Préfet est nommé par le Président de la République sur la proposition du Ministre de l'Intérieur.

REMARQUE. — *Le Département est une personne civile, comme la commune et l'Etat.*

Attributions du Préfet.

5ᵉ RÉSUMÉ : I. Le Préfet agent du Gouvernement. — II. Le Préfet représentant du département. — III. Le Préfet tuteur des communes.

Les attributions du Préfet sont nombreuses et importantes ; on peut, jusqu'à un certain point, les comparer à celles que le Maire exerce dans la commune.

I. Comme agent du Gouvernement, le Préfet veille à l'exécution des lois et nomme à divers emplois. Il peut prendre des *arrêtés*, les uns ayant un caractère *individuel*, les autres ayant un caractère *général*. (Voir p. 86).

II. Comme administrateur du département, il gère les affaires du département, et exécute les décisions du Conseil général.

III. Si les communes jouissaient d'une indépendance absolue, ce serait la fin de l'unité nationale. Aussi les maires et les Conseils municipaux ne peuvent agir que sous le contrôle supérieur du Préfet Ce contrôle, qui rappelle la surveillance exercée par le tuteur sur son pupille, se nomme la *tutelle administrative*. Voilà pourquoi on dit que le Préfet est le *tuteur des communes*.

REMARQUE. — *Les départements, créés en 1790,*

n'ont été administrés par des Préfets qu'à partir de 1800, sous le Consulat.

6° Résumé : I. Secrétaire général de la Préfecture. — II. Nomination. — III. Principales attributions. — IV. Conseil de Préfecture. — V. Attributions.

I. Le Secrétaire général de la Préfecture est l'auxiliaire immédiat du Préfet.

II. Il est nommé par le Président de la République, sur la proposition du Ministre de l'Intérieur.

III. Il assiste le Préfet dans l'administration du département, le remplace en cas d'absence, remplit, par délégation, quelques-unes des fonctions préfectorales ; il surveille les bureaux de la Préfecture, etc.

IV. Le *Conseil de Préfecture* est un conseil de 3 ou 4 membres nommés par le pouvoir exécutif. Il siège à la Préfecture.

V. Il assiste le Préfet dans son administration, accorde ou refuse aux communes l'autorisation de plaider en justice ; juge les difficultés que soulève le recouvrement des contributions directes, les contestations relatives aux travaux publics, etc. Comme *tribunal administratif*, il prononce sur les différends dans lesquels l'administration est engagée.

Remarque. — *Les attributions du Préfet et du Secrétaire général, dans le département, ont quelque rapport avec celles du Maire et de l'adjoint, dans la commune.*

Le Conseil général.

7ᵉ RÉSUMÉ : I. Conseil général. — II. Election. — III. Sessions ordinaires et extraordinaires. — IV. Principales attributions : budget et comptes du département. — V. Commission départementale.

I. Le *Conseil général* est une assemblée départementale composée d'autant de *conseillers généraux* qu'il y a de cantons dans le département.

II. Chaque canton nomme un Conseiller général, élu pour six ans par le suffrage universel. Le Conseil général se renouvelle par moitié tous les trois ans.

III. Le Conseil général a deux *sessions ordinaires* chaque année ; il se réunit au chef-lieu du département. Il peut être convoqué en *session extraordinaire*, pour délibérer sur certains objets déterminés.

IV La plus importante de ses attributions est le vote du *budget départemental*, ou état des recettes et des dépenses du département. Il donne son avis sur un certain nombre d'affaires, et peut émettre des vœux sur les questions administratives et économiques. Il surveille les actes du Préfet. Il nomme la *Commission départementale*.

V. La *Commission départementale*, composée de 4 à 7 conseillers généraux, se réunit au moins une fois par mois ; elle représente le Conseil général dans l'intervalle des sessions ; elle contrôle les actes du Préfet et intervient dans l'administration.

OBSERVATIONS. — *Les fonctions de conseiller général sont gratuites.*

Le Conseil général est comme le Conseil municipal du département.

MOIS DE MAI.

Organisation de la puissance publique en France.

1er RÉSUMÉ : I. Ce qu'on entend par les pouvoirs publics. — II. Pouvoir législatif. — III. Pouvoir exécutif. — Pouvoir judiciaire.

1. Dans un Etat, il faut une autorité, une *puissance publique*, chargée de gérer les affaires communes, d'assurer le bon ordre et de faire respecter le droit de chacun.

La puissance publique est partagée en trois grands pouvoirs, nommés *pouvoirs publics*; ce sont : le pouvoir *législatif*, le pouvoir *exécutif*, et le pouvoir *judiciaire*.

II. Le *pouvoir législatif* est le pouvoir de faire les *lois*, c'est-à-dire les règles établies pour le bien général. Il est confié à deux assemblées, la *Chambre des Députés* et le *Sénat*.

III. Le pouvoir *exécutif* est le pouvoir de faire *exécuter* les lois votées par le pouvoir législatif. Il est entre les mains du Président de la République et des Ministres.

IV. Le pouvoir *judiciaire* est le pouvoir de *juger*, c'est-à-dire de *punir les violations* de la loi, ou de *régler les différends* qui s'élèvent entre particuliers. Ce pouvoir est exercé par les tribunaux. (Voir p. 105 et suiv.)

RÉFLEXIONS. — *Le principe de toute souveraineté réside essentiellement dans la nation. Nul corps, nul individu ne peut exercer d'autorité qui n'en émane expressément. (Art. 3 de* la Déclaration des droits de l'Homme et du Citoyen).

La loi fondamentale qui règle l'organisation des pouvoirs publics se nomme la Constitution.

2° Résumé : I. Principe de la séparation des pouvoirs. — II. L'administration.

I. Les trois grands pouvoirs publics sont distincts par leur nature ; ils ne doivent pas être réunis dans les mêmes mains ; ils sont séparés, c'est-à-dire confiés à des chefs ou à des corps différents

La séparation des pouvoirs est un des principes reconnus nécessaires à l'existence d'un gouvernement libre. L'homme ou l'assemblée qui réunirait les trois pouvoirs se tiendrait difficilement dans les limites d'une sage autorité. L'histoire est là pour le prouver.

Si la séparation des pouvoirs est nécessaire, l'accord entre eux ne l'est pas moins : aussi y a-t-il des lois qui règlent les conditions de cet accord.

II. Au pouvoir exécutif appartient la direction des divers services publics compris sous la dénomination générale d'*Administration*. Chacun des services publics forme une branche de l'administration, ou, tout simplement, une *administration*.

OBSERVATION. — *Chaque Ministre est à la tête d'une ou de plusieurs branches de l'Administration.*

Le Pouvoir législatif.

3ᵉ Résumé : I. Le Parlement ou les Chambres. — II. Chambre des Députés. — III. Elections. — IV. Listes électorales. — V. Electeurs et éligibles.

I. Le pouvoir législatif appartient à deux assemblées distinctes : la *Chambre des Députés* et le *Sénat*, qu'on désigne quelquefois sous la dénomination commune de *Parlement*.

II. La *Chambre des Députés* compte environ 580 membres.

III. Elle est nommée pour quatre ans, au bout desquels elle est renouvelée intégralement.

Les députés sont élus par le suffrage universel direct et au scrutin *uninominal* ou *individuel*. Chaque arrondissement dont la population ne dépasse pas 100.000 habitants nomme un député. Ceux dont la population est supérieure à ce chiffre nomment un député de plus par 100.000 habitants ou fraction de 100.000 habitants.

IV. Pour être *électeur*, il faut être Français, avoir 21 ans, jouir de ses droits politiques, et être inscrit sur la *liste électorale*.

La *liste électorale*, ou tableau des électeurs, se trouve à la Mairie. Elle est revisée au commencement de chaque année. C'est au citoyen à réclamer son inscription sur la liste électorale de la commune de son domicile.

V. Les conditions pour être *éligible* à la Chambre des Députés sont les suivantes : être électeur, avoir au moins 25 ans, et n'exercer aucune fonction rétribuée par l'Etat (quelques fonctionnaires ne sont pas compris dans cette exclusion).

REMARQUE. — *La Chambre des Députés émane directement du suffrage universel.*

Le pouvoir législatif (suite).

4ᵉ RÉSUMÉ : I. Le Sénat. — II. Élections. — III. Renouvellement par séries.

I. Le Sénat est une assemblée de 300 membres, exerçant, conjointement avec la Chambre des Députés, le pouvoir législatif.

II. Pour être *éligible* au Sénat, il faut jouir de ses droits civils et politiques, et être âgé de 40 ans au moins. Les fonctionnaires, sauf quelques exceptions, peuvent être sénateurs.

Chaque département nomme un nombre de sénateurs en rapport avec sa population (10 pour la Seine, 8 pour le Nord, 2 pour chacun des moins peuplés, 1 pour chaque département de l'Algérie, 1 pour chacune de nos principales colonies).

« Les sénateurs sont élus pour neuf ans au scrutin de liste par un *collège* réuni au chef-lieu du département et composé : 1° des députés ; 2° des conseillers généraux ; 3° des conseillers d'arrondissement ; 4° des délégués choisis parmi les électeurs de la commune par chaque conseil municipal. » Le nombre des délégués sénatoriaux varie suivant le nombre des membres du conseil municipal.

III. Le Sénat se renouvelle par tiers tous les trois ans. A cet effet, on a divisé les départements en trois *séries* comprenant chacune le tiers des membres du Sénat (100).

REMARQUE. — *Le Sénat n'émane pas directement du suffrage universel ; il est nommé par un suffrage restreint composé de quatre éléments distincts.*

Principales attributions du Parlement.

5ᵉ RÉSUMÉ : I. Le budget de l'Etat. — II. Les Lois. — III. Contrôle des actes du Pouvoir exécutif (en particulier des actes des Ministres).

Les deux Chambres, ou le Parlement, nomment chacune leur *Bureau*, composé du *Président*, des *Vice-Présidents* et des *Secrétaires*.

Leurs attributions sont très importantes.

I. Les Chambres votent, chaque année, pour l'année suivante, le *budget* de l'Etat, c'est-à-dire le montant des recettes et des dépenses annuelles de l'Etat (ce chiffre s'élève à environ 3 milliards).

Les différents articles du budget forment, après le vote du Parlement, ce qu'on nomme la *Loi de finances*.

II. Le Sénat et la Chambre des Députés discutent et votent les *lois* présentées, soit par un ou plusieurs de leurs membres, soit par le Gouvernement (les Ministres).

On appelle *initiative parlementaire* le pouvoir dont jouissent les députés et les sénateurs de présenter des propositions de loi.

III. Le Parlement a le droit de discuter les actes du Ministère (ensemble des Ministres) et de les juger par ses votes. Le *Cabinet* (Ministère) désapprouvé par le vote hostile des Chambres se retire pour faire place à un autre.

REMARQUE. — *Un gouvernement dans lequel l'existence du Ministère dépend de l'assentiment des Chambres (du Parlement) s'appelle un* gouvernement parlementaire.

6° RÉSUMÉ : L'Assemblée nationale (pouvoir constituant).

La Constitution est une loi politique qui détermine la forme du gouvernement et qui règle les attributions et les rapports des grands pouvoirs de l'État.

Elle ne peut être modifiée de la même manière que les autres lois. Celles-ci sont votées séparément par chacune des deux Chambres.

La revision des lois constitutionnelles est attribuée au Sénat et à la Chambre des Députés, confondus en une seule et même Assemblée, nommée l'*Assemblée nationale*.

Le pouvoir de faire ou de modifier une Constitution s'appelle *pouvoir constituant*.

L'Assemblée nationale n'est convoquée que dans des cas rares et déterminés par la Constitution.

OBSERVATION. — *Le Sénat et la Chambre des Députés, comme assemblées distinctes, ont le* Pouvoir législatif : *réunies en* Congrès, *les deux Chambres forment l'*Assemblée nationale *qui a le* pouvoir constituant.

MOIS DE JUIN.
Le Pouvoir exécutif.

1er RÉSUMÉ : I. Le Gouvernement. — II. Le Président de la République. — III. Election. — IV. Principales attributions.

I. Le mot *Gouvernement* sert souvent à désigner les chefs du pouvoir exécutif, c'est-à-dire, le *Président de la République* et les *Ministres.*

II. Le *Président de la République* est le magistrat placé à la tête du Gouvernement.

III. Il est élu pour sept ans par l'*Assemblée nationale* formée par les deux Chambres réunies en *Congrès.* Il est rééligible.

IV. Il choisit les Ministres et nomme à tous les emplois civils et militaires.

Il *promulgue* les lois votées par les Chambres (il en fait connaître l'existence) ; il en surveille et assure l'exécution ; pour cela, il a le droit de faire certains actes nommés *décrets.*

Il communique avec les Chambres par voie de *message.*

Un message est une déclaration du Président lue aux Chambres par un Ministre.

Il déclare la guerre avec l'assentiment des Chambres.

Il négocie les traités, reçoit les ambassadeurs, préside aux grandes solennités nationales.

Il a le *droit de grâce* : il peut remettre sa peine à un

condamné ou la *commuer*, c'est-à-dire la changer en une autre moindre.

Il peut *dissoudre* la Chambre des Députés, après avis conforme du Sénat.

REMARQUE. — *Le Président de la République et ses Ministres sont les chefs que la Nation s'est donnés librement. Leur manquer de respect, ce serait faire injure à la France elle-même qu'ils représentent.*

Suite.

2ᵉ RÉSUMÉ : I. Les Ministres. — II. Nomination. — III. Arrêtés. — IV. Le Conseil d'Etat.

I. Les *Ministres* constituent, avec le Président de la République, le *Gouvernement* ou le *Pouvoir exécutif* Le Ministre qui est à la tête de tous les autres (ou du Ministère) s'appelle le *chef du Cabinet* ou le Président du *Conseil*, parce qu'il préside le Conseil ou assemblée des Ministres. Cette assemblée est souvent présidée par le Président de la République lui-même.

II. Les Minstres sont nommés par le Président de la République ; ils ne peuvent gouverner qu'avec l'appui de la majorité des Chambres.

III. Ils peuvent prendre des *arrêtés* pour assurer, chacun en ce qui le concerne, l'exécution des lois.

IV. Le Gouvernement et les Chambres sont aidés et conseillés par une assemblée nommée *Conseil d'Etat*. Le Conseil d'Etat, dont les membres sont nommés par le Président de la République, prépare les projets de loi que lui soumet le Gouvernement. Il fait des règlements qui ont force de loi.

Le *Conseil d'Etat* est, en outre, un tribunal jugeant les affaires administratives

REMARQUE. — *Les Ministres sont responsables : ils peuvent être mis en accusation pour les actes de leur administration.*

Exposé sommaire de l'organisation administrative.

5ᵉ RÉSUMÉ : Les différents Ministères.

Les *Ministres*, qui exercent le pouvoir exécutif de concert avec le Président de la République, sont encore les chefs de l'*Administration*, c'est-à-dire de tous les services publics.

L'administration est partagée en un certain nombre de branches, d'administrations particulières, nommées quelquefois *départements* (de *départir, diviser*), plus souvent *ministères*.

Le mot *Ministère* désigne aussi chacun des édifices où siègent les Ministres et les fonctionnaires placés immédiatement sous leurs ordres ; ce sont les Ministères qui transmettent à toute la France les décisions et les volontés du Gouvernement.

Les Ministres sont aujourd'hui au nombre de 10, savoir : le Ministre des Finances, qui a aussi dans ses attributions les Postes et Télégraphes, — de l'Intérieur, — de l'Instruction publique et des Beaux-Arts, — de l'Agriculture, — du Commerce, de l'Industrie et des Colonies, — des Travaux publics, — des Affaires étrangères, — de la Guerre, — de la Marine, — de la Justice et des Cultes.

RÉFLEXION. — *Paris est le siège du pouvoir exécutif et des grandes administrations : c'est ce que le mot* capitale *(d'un nom signifiant* tête) *exprime très exactement.*

Suite.

6ᵉ Résumé : I. Ministère des Finances, des Postes et Télégraphes. — II. Ministère des Travaux publics. — III. Ministère du Commerce, de l'Industrie et des Colonies.

I. Le *Ministre des Finances* est le chef de l'administration financière. Il prépare le budget de l'Etat, et veille au recouvrement et à l'emploi des impôts. (Voir programme de février, p. 77 et suiv.)

L'administration des *Postes et Télégraphes*, reliée aux Finances, est chargée de transmettre les *correspondances, lettres, dépêches*, etc., échangées entre les différents points de la France et de l'étranger.

Ce service, de plus en plus important, auquel est ajoutée la *Caisse d'épargne postale*, est fait par un grand nombre d'agents : *directeurs, employés, receveurs, facteurs*, etc.

II. Le *Ministre des Travaux publics* s'occupe des travaux d'utilité générale : *routes, canaux, ports, chemins de fer*, etc., il surveille l'exploitation des *mines et des carrières*.

L'administration des *Ponts et Chaussées*, dont les principaux agents sont les *inspecteurs généraux*, les *ingénieurs* et les *conducteurs*, dépend du Ministère des Travaux publics.

III. Le *Ministre du Commerce, de l'Industrie et des Colonies* veille au développement de l'activité industrielle et commerciale de la France. En outre, il a dans ses attributions l'administration coloniale.

Réflexion. — *Le développement et l'entretien des voies et des moyens de communication (routes, chemins de fer, postes, télégraphes, etc.), contribuent puissamment au progrès de la civilisation.*

Suite.

7ᵉ Résumé : I. Ministère de l'Agriculture. — II. Ministère de l'Instruction publique et des Beaux-Arts. — III. Ministère de l'Intérieur.

I. Le *Ministre de l'Agriculture* a dans ses attributions : les *écoles d'agriculture* et les *écoles vétérinaires;* — les *Comices agricoles*, sociétés établies pour encourager l'Agriculture. Il organise les *Concours régionaux agricoles*, expositions annuelles des produits et des machines agricoles.

II. Le *Ministre de l'Instruction publique* dirige l'enseignement public et surveille l'enseignement privé ou libre.

Il est le chef, le *Grand-Maître de l'Université de France*. Il est assisté d'un Conseil, nommé *Conseil supérieur de l'Instruction publique*. (Se reporter, pour l'organisation de l enseignement, au programme de décembre).

Comme *Ministre des Beaux-Arts*, il organise des *expositions*, surveille certaines écoles spéciales, et s'occupe des musées

III. Le *Ministre de l'Intérieur* a spécialement dans ses attributions l'administration intérieure de la France; il est le chef immédiat de l'administration départementale, et, par l'intermédiaire des préfets et des sous-préfets, de l'administration communale.

La direction des Prisons est rattachée au Ministère de l'Intérieur

Remarque. — *Les Beaux-Arts ont pour objet la représentation du beau ; on les divise en arts du dessin (peinture, sculpture, architecture) et en arts des sons (musique et poésie).*

(Suite).

8ᵉ Résumé : I. Ministère des Affaires Étrangères. — II. Ministère de la Guerre. — III. Ministère de la Marine.

I. Le *Ministre des Affaires étrangères* a dans ses attributions tout ce qui a rapport à nos relations extérieures, c'est-à-dire aux relations que la France entretient avec les autres puissances.

Il correspond avec nos représentants à l'étranger : *Ambassadeurs, Ministres plénipotentiaires, Consuls.*

II. Le *Ministre de la Guerre*, placé à la tête de notre organisation militaire, veille à la défense du pays. Il a auprès de lui le *Conseil supérieur de la Guerre*, qui l'aide dans son administration. (Voir le programme de janvier, p. 69 et suiv.)

Le territoire français est divisé en dix-huit *régions* comprenant chacune *un corps d'armée*, ayant pour chef un général de division *commandant le corps d'armée.*

III. Le *Ministre de la Marine* a des attributions que son titre indique suffisamment. (Voir le programme de janvier, p. 72).

Les côtes de France sont réparties en cinq *arrondissements* ou *préfectures maritimes*, dont les chefs-lieux sont nos cinq grands ports militaires : *Cherbourg, Brest, Lorient, Rochefort* et *Toulon*. A la tête d'une préfecture maritime est un *Préfet maritime.*

Observations. — *Le consul est le protecteur de ses nationaux séjournant à l'étranger.*

Il remplit auprès d'eux les fonctions d'officier de l'Etat civil, et même de juge.

Fin.

9ᵉ Résumé : Ministère de la Justice et des Cultes.

Le *Ministre de la Justice*, aussi appelé *Garde des Sceaux*, est le chef des magistrats, qui, dans les divers tribunaux sont investis du pouvoir judiciaire. (Voir le programme de juillet).

Le *Service des Cultes* n'est pas toujours rattaché au ministère de la Justice.

Trois cultes sont rétribués par l'Etat : 1º le *culte catholique* ; 2º le *culte protestant*, comprenant l'église *calviniste* et l'église *luthérienne* ; 3º le culte *israélite*.

1º *Culte catholique*. La France est divisée en *84 diocèses* dont chacun comprend ordinairement un département. Le *diocèse* est administré par un *évêque* ou un *archevêque*. (Il y a 17 archevêchés) Le diocèse est divisé en *paroisses* et en succursales administrées par des *curés* ou des desservants ;

2º L'église *calviniste* et l'église *luthérienne* sont gouvernées par des *pasteurs*, au-dessus desquels sont des assemblées appelées *consistoires* ;

3º Les prêtres du culte israélite sont des *rabbins*, nommés par les *consistoires* (conseils ou assemblées).

RÉFLEXION. — *Nul ne doit être inquiété pour ses opinions, même religieuses, pourvu que leur manifestation ne trouble pas l'ordre public établi par la loi.* (Art. 10, Déclaration des droits de l'Homme et du Citoyen).

MOIS DE JUILLET.

LE POUVOIR JUDICIAIRE.

Organisation de la Justice.

1er Résumé : I. Pouvoir judiciaire. — II. Justice civile et justice criminelle. — III. Juridictions ordinaires et juridictions spéciales.

I. Le *Pouvoir judiciaire* est exercé par les magistrats et les tribunaux. Il est chargé de juger, soit les *différends* qui s'élèvent entre les particuliers, soit les *fautes* plus ou moins graves commises contre la loi.

II De là, deux sortes de tribunaux ; les uns chargés de régler les contestations entre individus : c'est la *justice civile* ou *juridiction civile* ; les autres chargés de punir les infractions aux lois : c'est la *justice* ou *juridiction criminelle*.

III. Les tribunaux ordinaires, ou *juridictions ordinaires*, jugent les affaires civiles et criminelles en général ; mais il existe certaines affaires particulières réservées à des *tribunaux spéciaux*, à des *juridictions spéciales*, que nous étudierons.

RÉFLEXION. — *Les magistrats ne reçoivent rien pour les jugements qu'ils rendent ; c'est en ce sens qu'il faut comprendre ce principe :* la justice est gratuite en France.

2e Résumé : I. Différents degrés de juridiction. — II. Contraventions. — III. Délits. — IV. Crimes.

I. Les affaires civiles et les affaires criminelles étant plus ou moins importantes, il a été nécessaire de créer, dans la juridiction civile et dans la juridiction criminelle, des tribunaux de *divers degrés*.

En matière criminelle surtout, la gradation est bien marquée. Les actes coupables que la justice punit sont divisés en trois classes : les *contraventions*, les *délits* et les *crimes* : d'où trois degrés dans les tribunaux criminels et aussi dans les peines édictées par la loi.

II. Les *contraventions* sont les infractions légères ; elles sont jugées par le tribunal de *simple police* et punies des peines de *police*.

III. Les *délits*, infractions plus graves, sont jugés par le *tribunal correctionnel*, et punies de peines *correctionnelles*.

IV. Les *crimes*, infractions très graves, sont jugées par la *Cour d'assises*, et punies de peines *afflictives* et *infamantes*.

OBSERVATION. — *La justice veut que le coupable soit frappé d'une peine proportionnée à l'infraction qu'il a commise.*

Les Peines.

3ᵉ RÉSUMÉ : I. Peines de simple police. — II. Peines correctionnelles. — III. Peines afflictives et infamantes.

I. Les *peines de police* sont l'*emprisonnement* (de 1 à 5 jours), l'*amende* (de 1 à 15 fr.), et la *confiscation* de certains objets saisis.

II. Les *peines correctionnelles* sont : 1° l'*emprisonnement* (de 6 jours à 5 ans); 2° l'*interdiction* à temps de certains droits, comme le droit de vote ; 3° l'*amende*, toujours supérieure à 15 fr. ; 4° la *surveillance de la haute police* : celui qui y est condamné ne peut quitter sans autorisation la résidence qu'il a choisie ou qui lui a été assignée.

III. Les principales peines punissant les crimes sont ou *afflictives et infamantes*, ou simplement *infamantes*.

Les peines *afflictives et infamantes* sont : 1° la *mort* ; 2° les *travaux forcés à perpétuité* ou *à temps* ; 3° la *détention*, qui consiste à être enfermé dans l'une des forteresses du territoire français ; 4° la *réclusion*, qui consiste à être enfermé dans une maison de force, où le condamné est employé à certains travaux.

Les *peines infamantes* sont : 1° le *bannissement* ou expulsion du territoire de la République ; 2° la *dégradation civique*, qui entraîne la perte des droits *civils* et *politiques*.

REMARQUE. — *Les peines afflictives sont des peines physiques ou corporelles ; les peines infamantes visent particulièrement l'honneur.*

4ᵉ RÉSUMÉ : I. Justice de Paix. — II. Le Juge de Paix. — III. Nomination. — IV. Principales attributions : conciliation ; — affaires civiles, affaires de simple police.

I. La *Justice de Paix* est le premier degré de la justice ; c'est le plus simple de nos tribunaux. Il y a une justice de paix par canton.

II. La *Justice de Paix* ne comprend qu'un seul juge, le *Juge de Paix*. En cas d'empêchement, il est remplacé par un de ses deux *suppléants*.

III. Le Juge de Paix est nommé par le Président de la République, sur la proposition du Ministre de la Justice. Il est *amovible*, c'est-à-dire qu'il peut être révoqué ou déplacé.

IV. Le Juge de Paix est chargé du beau rôle de *conciliateur* : il essaye d'arranger les différends et d'empêcher qu'ils ne soient portés devant les tribunaux. — Il juge en *matière civile* un grand nombre d'affaires ; il statue *sans appel* jusqu'à la valeur de 100 fr., et en *premier ressort* jusqu'à 1.500 fr.

En *matière criminelle*, il constitue à lui seul le *tribunal de simple police* (voir p. 106) et juge les *contraventions* (voir p. 106) en *premier ressort*, excepté quand il n'y a pas de condamnation à la prison, ou quand l'amende n'excède pas 5 fr. : dans ces deux derniers cas, il juge *sans appel*.

PROVERBE. — *Un mauvais arrangement vaut mieux qu'un bon procès.*

OBSERVATIONS. — I. L'*appel* est l'acte par lequel on demande à un autre tribunal la revision d'un jugement dont on n'est pas satisfait. — *En appeler*, c'est faire un appel.

Juger *sans appel*, ou en *dernier ressort*, c'est juger définitivement, sans que les *parties* (les individus intéressés dans l'affaire) puissent en appeler. — Juger en *premier ressort*, c'est juger en *premier lieu*, avec faculté d'*appel* pour les parties.

Tribunal de première instance.

5ᵉ RÉSUMÉ : I. Tribunal de première instance. — II. Tribunal civil. — III. Tribunal correctionnel. — IV. Cour d'appel.

I. Dans chaque arrondissement, il y a un *Tribunal de première instance* (c'est-à-dire *première demande*).

Cette dénomination, qui n'est pas rigoureusement exacte, signifie que l'on doit s'adresser en premier lieu à ce tribunal, et que si l'on n'est pas satisfait de son jugement, on peut, pour la même affaire, former une *seconde instance*, par voie d'appel, auprès d'un tribunal plus élevé (Cour d'appel).

II. Le tribunal de première instance juge en *matière civile*; il forme, en ce cas, le *Tribunal civil*. Ses jugements sont, les uns définitifs, les autres susceptibles d'*appel*.

Il juge en appel les affaires sur lesquelles le juge de paix ne statue qu'en premier ressort.

III. Sous le nom de *Tribunal correctionnel*, il juge les *délits* (voir p. 106). Les jugements en matière correctionnelle peuvent être portés en appel devant la *Cour d'appel*.

IV Les *Cours d'appel*, au nombre de 26, jugent en appel les affaires civiles et les affaires correctionnelles déjà jugées par les tribunaux civils et les tribunaux correctionnels.

Les départements qui dépendent d'une Cour d'appel forment le *ressort* de cette Cour.

REMARQUE. — *Le ressort ou la juridiction de la cour d'appel de Douai comprend le Nord et le Pas-de-Calais.*

Cours d'assises.

6ᵉ RÉSUMÉ : *Les crimes* (voir p. 106) sont jugés par les tribunaux nommés *Cours d'assises*.

Il y a une *Cour d'assises* pour chaque département. Elle se réunit quatre fois par an.

Ce qui caractérise ce tribunal, c'est le *Jury*, composé de douze citoyens, les *Jurés*.

Le jury, après avoir suivi les débats auxquels donne lieu une affaire criminelle, prononce sur la culpabilité ou la non-culpabilité de l'accusé ou des accusés. Les magistrats qui constituent, avec le jury, la Cour d'assises, prononcent l'acquittement ou appliquent la peine d'après la déclaration ou *verdict* du jury.

La Cour d'assises juge sans appel. Mais le condamné a la faculté de se *pourvoir* en cassation (voir p. 113).

OBSERVATION. — *Au magistrat chargé de requérir (réclamer) la condamnation de l'accusé, répond l'avocat chargé de sa défense.*

Le discours du premier s'appelle réquisitoire; *celui du second,* plaidoyer.

Les Magistrats.

7º RÉSUMÉ : I. Magistrats. — II. Magistrature assise.

I. Dans les tribunaux et les Cours, on distingue la *magisture assise* et la *magistrature debout*

II. La Magistrature assise comprend les *Juges* des tribunaux de 1re instance, les *Conseillers* des Cours d'*appel* et les *Conseillers* de la *Cour de cassation* (p. 113).

L'un des juges du Tribunal a le titre de *Président du tribunal*. Un tribunal a au moins trois juges. Si le nombre des juges est suffisant, le tribunal est divisé en plusieurs *chambres*, la première présidée par le Président du Tribunal, les autres présidées par des vice-présidents.

Parmi les juges du tribunal, il en est un qu'on appelle *Juge d'Instruction* : il est chargé d'*instruire* les affaires criminelles, c'est-à-dire de constater les crimes et les délits, et de recueillir tous les faits de nature à éclairer la justice.

Une cour d'appel comprend une ou plusieurs *chambres*, comptant chacune au moins *cinq conseillers*. A la tête d'une chambre, il y a un *Président de Chambre* ; la Cour entière a pour chef un conseiller nommé *Premier Président*.

OBSERVATION. — *Les membres de la magistrature assise sont* inamovibles.

Magistrature debout.

8ᵉ RÉSUMÉ : I. Procureur de la République et substitut. — II. Parquet. — III. Procureur général et avocats généraux. — IV. Ministère public.

I Auprès du tribunal de première instance, il y a un *Procureur de la République*, avec un ou plusieurs *Substituts* (remplaçants, suppléants).

II. Le Procureur et ses substituts forment ce qu'on appelle le *Parquet* (ce mot désigne aussi le local où ils se tiennent).

III. Auprès de chacune des 26 Cours d'appel et de la Cour de Cassation, il y a aussi un parquet, formé d'un *Procureur général*, d'*Avocats généraux* et de *Substituts du procureur général*.

IV. Ces divers magistrats remplissent un office spécial qui s'appelle *Ministère public*. Ils recherchent les faits punissables, en poursuivent les auteurs et saisissent la justice ; dans les tribunaux, ils *requièrent* au nom de la société, de l'intérêt *public*, le châtiment des coupables : ils sont donc les avocats de la loi violée.

Les membres des parquets dépendent directement du pouvoir exécutif, qui les nomme et peut les déplacer ou les révoquer : ils sont par conséquent *amovibles*.

On les désigne sous le nom de *magistrature debout*, parce qu'ils sont debout quand ils parlent devant les tribunaux.

OBSERVATION. — *L'institution du ministère public*

est aussi juste, aussi nécessaire, que le droit accordé à tout accusé de se défendre librement.

Juridictions spéciales.

9ᵉ Résumé : I. Tribunaux de commerce. — II. Conseils de Prud'hommes. — III. Justice militaire. — IV. Tribunaux administratifs.

I. Pour juger les contestations entre commerçants, il y a des *tribunaux de commerce*, composés de juges élus par les commerçants eux-mêmes. Il n'existe de tribunaux de commerce que dans les villes où le commerce est suffisamment développé.

II. Dans les villes manufacturières, il y a des *Conseils de prud'hommes* (*hommes prudents, sages*), tribunaux dont la mission a de l'analogie avec celle de la justice de paix : ils concilient, et ils jugent quand la conciliation n'a pu se faire, les différends qui s'élèvent entre patrons et ouvriers.

Un conseil de prud'hommes est formé d'un nombre égal de patrons et d'ouvriers, élus, les premiers par les patrons, les seconds par les ouvriers, chefs d'atelier et contremaîtres.

III. Les militaires sont jugés par les *Conseils de guerre*. (Voir p. 73)

IV. Les affaires dans lesquelles l'*administration* est intéressée sont soumises à des *tribunaux administratifs*. Les *Conseils de Préfecture* (voir p. 91), et le *Conseil d'Etat* (voir p. 99 et 100), outre leurs autres attributions, remplissent le rôle de tribunaux administratifs.

Réflexion. — *Justice et* solidarité : *tels sont les deux principes sur lesquels doivent être établis les rapports entre patrons et ouvriers.*

10ᵉ Résumé : Cour de Cassation.

Au sommet de notre organisation judiciaire se trouve une cour suprême, la *Cour de Cassation*, qui siège à Paris.

Son rôle est de *casser*, d'annuler les jugements rendus contrairement à la loi ou aux formes qu'elle prescrit. Un jugement étant cassé, l'affaire est portée devant un tribunal de même ordre que celui qui a prononcé ce jugement.

L'action de déférer un jugement à la Cour de Cassation se nomme *pourvoi*. On dit se *pourvoir en Cassation*.

La Cour de Cassation a été instituée pour maintenir l'unité de *jurisprudence*, c'est-à-dire l'uniformité dans la manière de comprendre et d'appliquer la loi.

Réflexion. — *La justice est rendue au nom du peuple français.*

TABLE

	PAGES
ENSEIGNEMENT MORAL.	5-52

Mois d'Octobre.

La Famille 6

Mois de Novembre.

La Famille (fin) 11

Mois de Décembre.

L'École 15

Mois de Janvier.

La Patrie. 19

Mois de Février.

Devoirs envers soi-même 23

Mois de Mars.

Devoirs envers soi-même (suite) 27

Mois d'Avril.

Devoirs envers soi-même (suite) 33

Mois de Mai.

Devoirs envers soi-même (fin) 39
Devoirs envers les animaux 42

Mois de Juin.

Devoirs envers ses semblables. 45
Devoirs de Justice. 45

Mois de Juillet.

Devoirs envers ses semblables (*fin*). 49
Devoirs de charité. 49
Devoirs envers Dieu 50

INSTRUCTION CIVIQUE 53-113

Mois d'Octobre.

État, Lois, Constitution, Gouvernements 53
Le citoyen français 56

Mois de Novembre.

Principaux droits du citoyen 57

Mois de Décembre.

Principaux devoirs du citoyen. 61
L'obligation scolaire 62
Aperçu sommaire de l'organisation de l'instruction publique en France 66

Mois de Janvier.

Le service militaire 68
Organisation du service militaire et de l'armée 74

Mois de Février.

L'Impôt 77

Mois de Mars.

Division administrative de la France 82
La Commune 82

Mois d'Avril.

Le Canton 87
L'Arrondissement 88
Le Département 89

Mois de Mai.

Organisation de la puissance publique 93
Le pouvoir législatif 94

Mois de Juin.

Le Pouvoir exécutif 98
Les différents Ministères 100

Mois de Juillet.

Le Pouvoir judiciaire 105

LILLE IMP. CAMILLE ROBBE.

IMPRIMERIE & LIBRAIRIE CAMILLE ROBBE
209, rue Léon-Gambetta, LILLE

MÉTHODE DE LECTURE RICHARD

La méthode comprend :

Grands tableaux de lecture (6 feuilles). En feuilles ou sur carton.
Petit Syllabaire illustré à l'usage des écoles maternelles,
   brochure illustrée de 20 pages . . . . " **10**
Méthode de lecture, d'écriture et d'orthographe :
   1er livret : Syllabaire, brochure illustrée de 48 pages. " **20**
   2e livret : Lectures enfantines, cartonnage illustré de
     96 pages . . . . " **35**
   3e livret : Premières lectures graduées, volume de
     156 pages, nombreuses vignettes . . . . " **60**

Cours de Composition française théorique et pratique à
  l'usage des écoles prim., en 3 cours, par Richard :
  Cours élémentaire, partie de l'élève . . . . . " **75**
  Cours préparatoire au certificat d'études et cours supérieur, partie de l'élève. . . . . " **90**

Résumés d'enseignement moral et d'Instruction civique, rédigés d'après les programmes du 27 Juillet 1882 (cours moyen), par F. Dubus, Officier d'Académie, Instituteur public à Lille. 1 volume in-12 cartonné . . . " **60**
Résumés d'agriculture et d'horticulture (cours moyen et supérieur), par P. Déruelle, Instituteur à Clary. 1 volume in-12 cartonné . . " **60**
Arithmétique et Système métrique : Calcul oral et Calcul écrit.—1.300 exercices ou problèmes précédés de notions d'arithmétique et de système métrique, par J. Plumecocq. 1 vol. in-12 **1** "
Arithmétique et Système métrique : Calcul oral.—1.000 questions ou problèmes sur des nombres concrets convenablement choisis, divisés en 200 leçons (cours moyen), par J. Plumecocq, Instituteur à Iwuy (Nord). 1 vol. in-12 . . " **75**
Solutions des 1.000 questions ou problèmes, etc., par J. Plumecocq, instituteur à Iwuy. 1 vol. in-12, 120 pag. **1** "
Geneviève et Michel, livre de lecture courante. Leçons de morale résumées en sentences, par Mme Julia Becour. 1 vol. in-12 de 226 pages. . . . . . " **90**

Tous ces ouvrages (édition Robbe) sont inscrits sur la liste des livres à mettre en usage dans les écoles publiques.

www.ingramcontent.com/pod-product-compliance
Lightning Source LLC
Chambersburg PA
CBHW070520100426
42743CB00010B/1889